D1753921

MIX
Papier aus verantwortungsvollen Quellen
Paper from responsible sources
FSC® C105338

Janine Börstler

Hausaufgaben im Literaturunterricht

Untersuchung zur Wahrnehmung
des Hausaufgabenprozesses
am Beispiel einer 8. Klasse

Diplomica Verlag GmbH

Börstler, Janine: Hausaufgaben im Literaturunterricht: Untersuchung zur
Wahrnehmung des Hausaufgabenprozesses am Beispiel einer 8. Klasse.
Hamburg, Diplomica Verlag GmbH 2013

Buch-ISBN: 978-3-8428-9704-5
PDF-eBook-ISBN: 978-3-8428-4704-0
Druck/Herstellung: Diplomica® Verlag GmbH, Hamburg, 2013

Bibliografische Information der Deutschen Nationalbibliothek:
Die Deutsche Nationalbibliothek verzeichnet diese Publikation in der Deutschen
Nationalbibliografie; detaillierte bibliografische Daten sind im Internet über
http://dnb.d-nb.de abrufbar.

Das Werk einschließlich aller seiner Teile ist urheberrechtlich geschützt. Jede Verwertung außerhalb der Grenzen des Urheberrechtsgesetzes ist ohne Zustimmung des Verlages unzulässig und strafbar. Dies gilt insbesondere für Vervielfältigungen, Übersetzungen, Mikroverfilmungen und die Einspeicherung und Bearbeitung in elektronischen Systemen.

Die Wiedergabe von Gebrauchsnamen, Handelsnamen, Warenbezeichnungen usw. in diesem Werk berechtigt auch ohne besondere Kennzeichnung nicht zu der Annahme, dass solche Namen im Sinne der Warenzeichen- und Markenschutz-Gesetzgebung als frei zu betrachten wären und daher von jedermann benutzt werden dürften.

Die Informationen in diesem Werk wurden mit Sorgfalt erarbeitet. Dennoch können Fehler nicht vollständig ausgeschlossen werden und die Diplomica Verlag GmbH, die Autoren oder Übersetzer übernehmen keine juristische Verantwortung oder irgendeine Haftung für evtl. verbliebene fehlerhafte Angaben und deren Folgen.

Alle Rechte vorbehalten

© Diplomica Verlag GmbH
Hermannstal 119k, 22119 Hamburg
http://www.diplomica-verlag.de, Hamburg 2013
Printed in Germany

Vorwort

Eine erste Anregung zur Beschäftigung mit diesem Thema erhielt ich im Sommersemester 2011, als ich an der Universität Potsdam das Seminar „Hausaufgaben" von Frau Dr. Heidemarie Mickler besuchte. Dort wurde mir die Komplexität der Hausaufgabenproblematik deutlich, die mich dazu anregte, mich weiter mit dem Thema zu beschäftigen.

Während meines Praxissemesters wurde mir dann bewusst, dass Hausaufgaben ein fester, aber selten thematisierter Teil des Unterrichts sind. Diese Erkenntnis motivierte mich dazu, mich noch intensiver mit ihnen zu beschäftigen. Dieser Prozess, der mit dem Abschluss dieser Untersuchung sicher noch nicht abgeschlossen ist, war für mich überaus interessant und gewinnbringend.

Ich möchte mich deshalb für ihre besonderen Anregungen, ihre kritische Begutachtung meiner Entwürfe und ihre Unterstützung während des Arbeitsprozesses bei Frau Dr. Heidemarie Mickler und Herrn Dr. Jörg Link bedanken. Des Weiteren gilt mein Dank meiner Mentorin im Praxissemester, die mich nicht nur während des Praktikums hervorragend betreut hat, sondern mir auch bei der Untersuchung zu diesem Buch als angenehme Interviewpartnerin bereit stand. Natürlich haben auch die Schülerinnen und Schüler der 8. Klasse meinen Dank für die Beantwortung des Fragebogens verdient. Abschließend möchte ich mich für die vielen kleinen und großen Unterstützungen und motivierenden Worte bei meiner Familie und meinen Freunden herzlich bedanken.

Kurzfassung

Das vorliegende Buch geht der Frage nach, inwieweit sich die Sichtweisen einer Lehrkraft und der durch sie unterrichteten Schüler auf den Hausaufgabenprozess unterscheiden. Auf der Grundlage eines Modells zum Hausaufgabenprozess und unter Berücksichtigung bisheriger Forschungsergebnisse sowie relevanter rechtlicher Bestimmungen werden Befunde einer empirischen Studie vorgestellt. Es zeigen sich deutliche Unterschiede in der allgemeinen Wahrnehmung von Hausaufgaben sowie bei der Anzahl der Schüler, die Hausaufgaben bearbeiten und den Lehrererwartungen diesbezüglich. Darüber hinaus konnte festgestellt werden, dass die Vergabe bei einem vergleichsweise großen Teil der Schüler nicht zu einer ausreichenden Zweckorientierung führt. Übereinstimmungen konnten bei der Wahrnehmung der inhaltlichen Vergabe sowie der Wahrnehmung des Stellenwertes von Kontrolle und Auswertung festgestellt werden. Ferner ergab die Untersuchung, dass die Hausaufgabenpraxis der teilnehmenden Lehrerin mehr auf ihrer Unterrichtserfahrung, denn auf wissenschaftlichen Befunden basiert.

Abstract

The book at hand considers the question to what extent the views of a teacher and its class differ concerning the homework process. On the basis of a model for this process and with consideration of previous research as well as legal regulations, results of an empirical study are being presented. Shown are clear differences in the views on the perception of homework in general as well as concerning the number of students that finish their homework and the relating teacher expectations. Furthermore the study found that the assignment of homework does not lead to a sufficient functional orientation with a comparatively high number of students. Agreement was found concerning the perception of the content of the homework assigned as well as the status of homework control and evaluation. In addition the study found that the homework practice of the teacher taking part in the survey was developed on the basis of her teaching experience rather than findings of scientific research.

Inhaltsverzeichnis

Vorwort I

Kurzfassung II

Abstract II

Inhaltsverzeichnis III

Abbildungsverzeichnis VI

Tabellenverzeichnis VII

1   Einleitung 1

2   Der theoretische Rahmen 3

    2.1   Begriffsklärung 3

    2.2   Das Prozessmodell zur Wirkungsweise von Hausaufgaben 3

    2.3   Hausaufgaben als Bestandteil des schulischen Lernens 5

    2.4   Ergebnisse bisheriger Studien zum Hausaufgabenprozess 7

    2.5   Darstellung der Ziele des Literaturunterrichts 11

    2.6   Aufgabentheorie für den Literaturunterricht 13

    2.7   Zusammenfassung 15

3   Hausaufgaben im Literaturunterricht einer 8. Klasse 16

    3.1   Ziel und Fragestellung 16

    3.2   Methodisches Vorgehen 16

        3.2.1   Gestaltung der Untersuchung 16

        3.2.2   Beschreibung der Ausgangsbedingungen 17

        3.2.3   Die Unterrichtssequenz in groben Zügen 18

    3.3   Darstellung der Ergebnisse 19

        3.3.1   Wahrnehmung der Unterrichtssequenz durch Lehrer und Schüler 19

        3.3.2   Allgemeine Wahrnehmung von Hausaufgaben 21

        3.3.3   Wahrnehmung von Hausaufgaben im Literaturunterricht 23

        3.3.4   Hausaufgabe 1: Ein Lesetagebuch führen 28

3.3.4.1	Analyse der Aufgabe	28
3.3.4.2	Überlegungen zur Auswahl	28
3.3.4.3	Wahrnehmung der Vergabe	28
3.3.4.4	Bearbeitung der Aufgabe	29
3.3.4.5	Einschätzung der Wirkung	29
3.3.4.6	Zusammenfassung	30
3.3.5	Hausaufgabe 2: Textarbeit für die Charakteristik der Lieblingsfigur im Roman	30
3.3.5.1	Analyse der Aufgabe	31
3.3.5.2	Überlegungen zur Auswahl	31
3.3.5.3	Wahrnehmung der Vergabe	31
3.3.5.4	Bearbeitung der Aufgabe	32
3.3.5.5	Wahrnehmung der Kontrolle und Auswertung	32
3.3.5.6	Einschätzung der Wirkung	32
3.3.5.7	Zusammenfassung	34
3.3.6	Hausaufgabe 3: Wiederholung des Wissens zur Analyse epischer Texte	34
3.3.6.1	Analyse der Aufgabe	35
3.3.6.2	Überlegungen zur Auswahl	35
3.3.6.3	Wahrnehmung der Vergabe	35
3.3.6.4	Bearbeitung der Aufgabe	35
3.3.6.5	Wahrnehmung der Kontrolle und Auswertung	36
3.3.6.6	Einschätzung der Wirkung	36
3.3.6.7	Zusammenfassung	37
3.3.7	Hausaufgabe 4: Fertigstellung der schriftlichen Analyse eines Textauszuges	38
3.3.7.1	Analyse der Aufgabe	38
3.3.7.2	Überlegungen zur Auswahl	38
3.3.7.3	Wahrnehmung der Vergabe	39
3.3.7.4	Bearbeitung der Aufgabe	39

	3.3.7.5	Wahrnehmung der Kontrolle und Auswertung	39
	3.3.7.6	Einschätzung der Wirkung	40
	3.3.7.7	Zusammenfassung	41
3.3.8		Hausaufgabe 5: Verfassen einer Rezension	41
	3.3.8.1	Analyse der Aufgabe	41
	3.3.8.2	Überlegungen zur Auswahl	42
	3.3.8.3	Wahrnehmung der Vergabe	42
	3.3.8.4	Bearbeitung der Aufgabe	42
	3.3.8.5	Wahrnehmung der Kontrolle und Auswertung	43
	3.3.8.6	Einschätzung der Wirkung	43
	3.3.8.7	Zusammenfassung	44
3.4		Diskussion	45
4		**Schlussfolgerungen**	**50**
4.1		Für die Hausaufgabenpraxis von Lehrern und Schülern	50
4.2		Für weitere Untersuchungen	51
5		**Literaturverzeichnis**	**53**
6		**Anhang**	**56**
6.1		Prozessmodell zur Wirkungsweise von Hausaufgaben	56
6.2		Grafische Darstellungen der Untersuchungsergebnisse	57
	6.2.1	Wahrnehmung der Vergabe	57
	6.2.2	Bearbeitung der Hausaufgaben	58
	6.2.3	Wahrnehmung der Auswertung im Unterricht	58
6.3		Fragenkatalog für das Leitfadeninterview mit der Lehrerin	59
6.4		Fragebogen für die Schülerhand	61
6.5		Planung der Unterrichtssequenz zu Indigosommer	69
6.6		Kalendarische Übersicht der Sequenz	72

Abbildungsverzeichnis

Abbildung 1: Schülerangaben - Hausaufgaben sind für mich 21

Abbildung 2: Hausaufgabe 2 - Nutzen und Gefallen 33

Abbildung 3: Hausaufgabe 3 - Nutzen und Gefallen 37

Abbildung 4: Hausaufgabe 4 - Nutzen und Gefallen 40

Abbildung 5: Hausaufgabe 5 - Nutzen und Gefallen 43

Abbildung 6: Prozessmodell zur Wirkungsweise von Hausaufgaben 56

Abbildung 7: Verständnis der Hausaufgabe nach der Vergabe 57

Abbildung 8: Verständnis des Zwecks der Hausaufgabe nach der Vergabe 57

Abbildung 9: Bearbeitung der Hausaufgaben durch die Schüler 58

Abbildung 10: Wahrnehmung der Auswertung im Unterricht 58

Tabellenverzeichnis

Tabelle 1: Übersicht zum Kompetenzbereich C für den Deutschunterricht 13

Tabelle 2: Schülerangaben zur Wahrnehmung der Sequenz 20

Tabelle 3: Schülerangaben zur Belastung durch Hausaufgaben im Allgemeinen 22

Tabelle 4: Wahrnehmung von Zweck und Einbindung der Hausaufgaben 24

Tabelle 5: Wahrnehmung der Kontrolle/Auswertung 25

1 Einleitung

Hausaufgaben bestimmen den Schulalltag von Schülern, Lehrern und oftmals auch die Feierabendzeit der Eltern. Dabei stellen sich zumindest die Schüler nachmittags wahrscheinlich oft die Frage, warum sie schon wieder Hausaufgaben machen müssen und dazu so manches Mal nicht wissen, was ihr Lehrer von ihnen erwartet.

Diese und andere mit dem Hausaufgabenprozess verbundene Fragen und Probleme wurden insbesondere seit dem letzten Jahrzehnt von Hausaufgabenforschern unter Einbeziehung der Wahrnehmung aller Beteiligten zu beantworten versucht. Dabei kam man zum einen zu der Ansicht, dass qualitativ hochwertige Hausaufgaben sich positiv auf den Lernstand eines Schülers auswirken können, zum anderen bei dem gesamten Prozess aber auch die Hausaufgabenpraxis von Lehrern und Schülern eine entscheidende Rolle spielt. Untersuchungen dieses unterschiedlichen Umgangs mit Hausaufgaben wurden häufig mit großen Personengruppen durchgeführt, was oft zu sehr allgemeinen Ergebnissen führte. Darüber hinaus wurden äußerst selten die Hausaufgaben selbst zum Teil der Untersuchung gemacht. Auch für den Deutschunterricht existiert eine entsprechende Studie bisher nicht, weshalb in diesem Forschungsbeitrag – in Bezug auf eine konkrete Unterrichtssequenz – der Frage nachgegangen werden soll, inwieweit sich die Sichtweisen eines Lehrers und der durch ihn unterrichteten Schüler auf den Hausaufgabenprozess unterscheiden.

Als Grundlage für ein Verständnis von Hausaufgaben dient das von Britta Kohler (2011) entwickelte Prozessmodell zur Wirkungsweise von Hausaufgaben. Entsprechend seiner Einteilung des Hausaufgabenprozesses wird nach einer Darstellung der fachwissenschaftlichen und rechtlichen Grundlagen die Hausaufgabenpraxis einer Lehrerin und einer durch sie unterrichteten 8. Klasse untersucht und gegenübergestellt. Dazu wurde mit der Lehrerin ein Leitfadeninterview geführt und die Wahrnehmung der Schüler wurde mittels Fragebogen festgestellt. Für die Auswertung der Daten werden zuerst die allgemeine Einstellung zu Hausaufgaben sowie die Wahrnehmung der Sequenz dargestellt. Im Anschluss daran werden die Untersuchungsergebnisse der fünf nach Auswahl, Vergabe, Bearbeitung, Auswertung und Wirkung erforschten Hausaufgaben der Chronologie der Sequenz entsprechend dargestellt, um etwaige Bezüge zwischen ihnen darstellen zu können. Nach der anschließenden Diskussion der Daten in Bezug auf die Forschungsfrage werden Schlussfolgerungen für die Hausaufgabenpraxis von Lehrern und Schülern im Literaturunterricht gezogen.

Die Ergebnisse dieser Untersuchung sollen als Versuch einer genaueren Auseinandersetzung mit dem Hausaufgabenprozess im Literaturunterricht verstanden werden, die mittels der durchgeführten Studie nur die Sichtweisen eines begrenzten Personenkreises und dies nur in Bezug auf eine Unterrichtssequenz bereitstellen kann. Somit versteht sich dieses Buch ferner als Anregung für eine weiterführende Untersuchung des Hausaufgabenprozesses nicht nur im Literaturunterricht, sondern auch der Fachdidaktik Deutsch im Allgemeinen.

2 Der theoretische Rahmen

2.1 Begriffsklärung

Klärung des Hausaufgabenbegriffs

Als Hausaufgaben werden jene Aufgaben verstanden, die von einer Lehrkraft unter einer bestimmten didaktischen und/oder pädagogischen Zielsetzung erteilt werden, um von den Schülern außerhalb des Unterrichts, also zumeist zuhause, bearbeitet zu werden (vgl. Kohler, 2011, 204).

Hausaufgabenprozess

Nach Kohler (2011) werden alle Bearbeitungsschritte einer Hausaufgabe von der Auswahl bis zur Auswertung als Prozess verstanden, an dem Lehrer und Schüler gleichermaßen beteiligt sind.

Hausaufgabenpraxis

Der Begriff Hausaufgabenpraxis wird im Zusammenhang mit dieser Untersuchung als der individuelle Umgang mit Hausaufgaben verstanden. Daraus lässt sich ableiten, dass die Einstellung zu und die Art der Handhabung von Hausaufgaben auf Lehrer- und Schülerseite und darüber hinaus auch bei jedem Einzelnen sehr unterschiedlich sein können.

2.2 Das Prozessmodell zur Wirkungsweise von Hausaufgaben

Basierend auf dem „Angebots-Nutzungs-Modell der Wirkungsweise des Unterrichts" von Helmke aus dem Jahre 2009 erstellte Britta Kohler ein ähnliches Modell für den Hausaufgabenprozess (Kohler 2011, 211; vgl. auch Abbildung 6, 56). Dieses Modell ist deshalb sehr hilfreich für die Entwicklung eines Verständnisses von Hausaufgaben, weil es die Arbeit an und mit ihnen als einen Prozess versteht, der vielfältigen Einflüssen unterliegt.

Im Zentrum des Modells stehen die verschiedenen Arbeitsschritte, welche eine Hausaufgabe auf Lehrer- und Schülerseite durchlaufen kann. Sie umfassen die Situationen der Auswahl und der Vergabe, der Bearbeitung sowie der Kontrolle und Auswertung von Hausaufgaben. Jede dieser Situationen wird wiederum beeinflusst durch verschiedene Kriterien und Merkmale, die von Lehrern und Schülern gleichermaßen abhängen und dem Hausaufgabenprozess somit eine höchst individuelle Grundlage geben. Ein weiterer Vorteil dieses Modells besteht in der Darstellung des Hausaufgabenprozesses als Ereigniskette, die zwar zur Erreichung einer bestimmten Wirkung führen kann, es aber nicht zwangsläufig muss. So kann es vorkommen, dass eine ausgewählte Hausaufgabe aufgrund einer neuen Entwicklung im Unterricht nicht erteilt wird oder Hausaufgaben, die erteilt werden, vom Schüler nicht bearbeitet werden (vgl. Kohler, 2011, 212).

Als wichtig hervorzuheben ist, dass der Hausaufgabenprozess in diesem Modell nicht nur als Entwicklungskette, sondern auch als Kreislauf gelesen werden kann. Kohler stellt fest, dass die Bearbeitungskette auf unterschiedlichste Weise unterbrochen werden kann (vgl. ebd.), was bedeutet, dass die Wirkungen einer Hausaufgabe am Ende entweder erzielt werden oder nicht. In jedem Fall wirkt sich dieses Erreichen oder nicht Erreichen des gewünschten Ziels aber auf den weiteren Unterricht aus, denn der mit einer Hausaufgabe verbundene Erfolg oder auch Misserfolg kann das Hausaufgabenverhalten von Lehrern und Schülern beeinflussen und Aspekte des Angebots oder der Nutzung verändern. Bearbeitet bspw. eine überdurchschnittliche Anzahl von Schülern eine Hausaufgabe nicht wie gefordert, kann dies eine Abweichung vom geplanten Unterrichtsverlauf herbeiführen und den Lernprozess somit direkt beeinflussen.

Da das Modell von Kohler in diesem Buch die Grundlage für das Verständnis des Hausaufgabenprozesses und seiner Untersuchung darstellt, erweist sich eine detaillierte Untersuchung der einzelnen Situationen im Hausaufgabenprozess als gleichermaßen notwendig und vorteilhaft.

Am Beginn des Prozesses steht die Auswahl der jeweiligen Aufgabe. Kohler (vgl. ebd., 212) weist darauf hin, dass Auswahl und Vergabe einer Hausaufgabe mitunter zwar im selben Moment stattfinden können, in einer Analyse aufgrund ihrer unterschiedlichen Intentionen und Kategorien zur genaueren Beschreibung, jedoch getrennt zu betrachten sind. Demzufolge seien für die Auswahl einer Hausaufgabe besonders Überlegungen zur Funktion der Aufgabe im Lernprozess von Bedeutung, während bei der Vergabe z.B. eher die Klarheit des Arbeitsauftrages oder die Motivierung der Schüler durch den Lehrer eine Rolle spielten.

Die Bearbeitung obliegt allein dem Schüler, dessen individuelle Einstellung zum Thema Hausaufgaben und auch Lernen im Allgemeinen einen wesentlichen Faktor für die Nutzung eines Hausaufgabenangebotes darstellen. Erfüllt ein Schüler die von Kohler in diesem Zusammenhang aufgeführten Kriterien, z.B. gute zeitliche, soziale oder materielle Ressourcen, hohe Motivation oder einen hohen Anspruch an sich selbst, so wird er Hausaufgaben eher bearbeiten als ein Schüler, bei dem dies nicht der Fall ist (vgl. Abbildung 6, 56).

Die Kontrolle und Auswertung sind nach Kohlers Verständnis (vgl. Kohler, 2011, 212) ebenso eng verknüpft, wie die Auswahl und Vergabe. Der Begriff Kontrolle bezieht sich im Hausaufgabenprozess lediglich auf die Überprüfung der Angebotsnutzung durch die Schüler. Die Auswertung geht über die bloße Prüfung des Vorhandenseins einer Hausaufgabe insofern hinaus, als dass hier auch die inhaltliche Richtigkeit der Aufgabenlösungen thematisiert wird.[1]

2.3 Hausaufgaben als Bestandteil des schulischen Lernens

Hausaufgaben sind nicht mehr nur ein Thema, das Lehrern, Schülern und auch Eltern im schulischen Umkreis begegnet, sondern das seit einiger Zeit auch in den Medien diskutiert wird.[2] Dabei geht es oft um die Belastungen, die von Hausaufgaben ausgehen. Eltern erhalten Hinweise, wie sie ihre Kinder richtig unterstützen können, Lehrer äußern sich zur Notwendigkeit von Hausaufgaben und über allem steht die Frage, ob sie wirklich nützlich sind. Auch in der Fachliteratur wird diskutiert, ob die Verlagerung der Zeit für Übungen in den häuslichen Bereich wirklich sinnvoll ist. Durch die Bearbeitung außerhalb der Schule würde zwar Zeit eingespart, die unter Umständen bei der ausführlichen Auswertung in der nächsten Stunde jedoch wieder verloren ginge (vgl. Unger, 2009, 163f.). Die öffentlichen und fachlichen Diskussionen zeigen aber, dass Hausaufgaben, trotz der bestehenden Fragen, ein fester Bestandteil des schulischen Lernens sind und auch ihre Einbindung in die Schulgesetze der Bundesländer bestätigt dies.

---

[1] Auch wenn in der Literatur und im Schulalltag Kontrolle und Auswertung von Hausaufgaben oftmals synonym verwendet werden, folgt dieses Buch dem Verständnis von Kohler und trennt beide Situationen voneinander.

[2] Allein eine am 22.06.2012 auf der Internetseite der Zeitschrift FOCUS durchgeführte Suche nach dem Schlagwort „Hausaufgaben" ergab für den Bereich Schule 292 Treffer.

Die rechtlichen Bestimmungen des Landes Brandenburg regeln den Umgang mit Hausaufgaben in einigen Bereichen. Von besonderer Bedeutung sind der Punkt 5 der Verwaltungsvorschriften zum Schulbetrieb vom 29.06.2012 und der Punkt 11 der Verwaltungsvorschriften zur Leistungsbewertung vom 21.07.2011. Demzufolge sind Hausaufgaben im Land Brandenburg als Ergänzung „schulische[r] Arbeit im erforderlichen Umfang" (VV Schulbetrieb vom 29.06.2012) zu verstehen, deren Nutzen in der Festigung von Unterrichtsinhalten sowie in der Vorbereitung folgender Stunden besteht. Ferner wird der zeitliche Umfang festgelegt, indem Schüler entsprechend ihrer Jahrgangsstufe mit Hausaufgaben belastet werden dürfen. In der Sekundarstufe I beläuft sich diese Zeit auf höchstens 90 Minuten pro Tag. Für die Sekundarstufe II gibt es keine genauen Richtwerte, hier wird die Einschätzung des nötigen Umfangs den Lehrkräften überlassen. Bezüglich der Vergabe wird lediglich reguliert, wann sie nicht erfolgen darf. Dies beinhaltet z.B. die Vergabe von Freitag zu Montag oder über freie Tage bzw. Ferien (vgl. VV- Schulbetrieb vom 29.06.2011).

Hausaufgaben werden überdies auch im Zusammenhang mit Leistungsbewertung in den Verwaltungsvorschriften genannt. Dort wird festgelegt, dass diese in den Unterricht einzubeziehen sind und ihre Anfertigung regelmäßig zu überprüfen ist (vgl. VV- Leistungsbewertung vom 21.07.2011). Für die Bewertung stehen Hausaufgaben nur in den Fällen zur Verfügung, in denen die mit ihnen verbundene Leistung in der Schule dargeboten oder zum Gegenstand einer Leistungsüberprüfung gemacht wird. Des Weiteren muss die Leistung dem Schüler entweder eindeutig zugeordnet werden können oder die Möglichkeit der Unterstützung durch Dritte in der Gewichtung der Note berücksichtigt werden (vgl. ebd.).

Dass es in diesem Rahmen neben den gesetzlichen Regelungen keine weiteren Hinweise zur konkreten Gestaltung des Hausaufgabenprozesses gibt, könnte laut Cooper/Valentine (2001, 143) an den teilweise stark widersprüchlichen oder schwer zu verallgemeinernden Ergebnissen der Hausaufgabenforschung liegen.

Im Vergleich wesentlich greifbarer und hilfreicher für die Optimierung des Hausaufgabenprozesses erscheinen die Empfehlungen von Alois Niggli, der mit einer im Internet frei erhältlichen Broschüre Hinweise für Lehrkräfte zur Verfügung stellt, die ihre Hausaufgabenpraxis reflektieren und/oder verändern möchten. Als Grundlage für den erfolgreichen Umgang mit Hausaufgaben stehen für ihn sieben Eckpfeiler:

1. Eine vom Lehrerkollegium regelmäßig reflektierte Hausaufgabenkultur,
2. die Nutzung von Hausaufgaben als positive Verbindung von Schule und Elternhaus,
3. die regelmäßige Erteilung eher kurzer Hausaufgaben,
4. den Schülern durch „denkanregende Hausaufgaben" (ebd.) die Möglichkeit zu geben, den Unterricht vorzubereiten,
5. eine sorgfältig vorgenommene Differenzierung,
6. die Kommunikation über Hausaufgaben zwischen Lehrern und Schülern,
7. der Verzicht auf die Einbindung der Eltern in die Hausaufgabenbearbeitung (vgl. Niggli u.a., 2009, 34).

Diese Handreichung ist deshalb hilfreich, weil die hier beschriebenen Maßnahmen für die Verbesserung der Hausaufgabenpraxis von den Autoren als Konsequenzen aus aktuellen Forschungsergebnissen abgeleitet wurden (vgl. dazu auch Punkt 2.4 in diesem Buch). Im Gegensatz zu den gesetzlichen Regelungen wird den Lehrkräften hier ein Leitfaden für den Umgang mit Hausaufgaben gegeben, der zwar allgemein genug ist, um ihn auf alle Fächer anwenden zu können, gleichzeitig aber genug konkrete Hinweise enthält, um für Lehrkräfte umsetzbar zu sein.

2.4 Ergebnisse bisheriger Studien zum Hausaufgabenprozess

Dieser Abschnitt setzt sich in konzentrierter Form mit bisherigen Forschungsergebnissen zum Hausaufgabenprozess auseinander. Es werden Erkenntnisse dazu gesammelt, welche Überlegungen auf Lehrerseite zur Vergabe einer Hausaufgabe führen können und welche Rolle die Qualität der Aufgabenstellung für ihre Wirkung spielt. Darüber hinaus werden Ergebnisse zu Einflussfaktoren auf das Hausaufgabenverhalten von Schülern sowie dem Verhalten von Lehrern und Eltern während der Begleitung des Hausaufgabenprozesses dargestellt.

In einer Zusammenfassung vorangegangener Untersuchungen dazu, zu welchen Zwecken Hausaufgaben erteilt werden, stellten Epstein und Van Voorhis (2001, 182f.) zehn mögliche Motive für die Vergabe von Hausaufgaben fest, von denen fünf im Folgenden kurz näher betrachtet werden.

- *Übung*, d.h. die Schüler bekommen die Möglichkeit, im Unterricht Erlerntes zuhause zu festigen, den Arbeitsprozess an einer Aufgabe zu beschleunigen,

bereits erlangte Fähigkeiten aufrecht zu erhalten oder sich auf Leistungserfassungen vorzubereiten.
- *Vorbereitung*, d.h. die Hausaufgaben werden genutzt, um sicher zu gehen, dass die Schüler auf die nächste Stunde vorbereitet sind. Dies schließe auch die Fertigstellung im Unterricht unvollendet gebliebener Aufgaben oder die Festigung neuen Wissens in Vorbereitung auf die Anwendung in der nächsten Stunde ein.
- *Beteiligung am Lernprozess*, d.h. Hausaufgaben tragen dazu bei, die Schüler am Lernen zu beteiligen, sodass sie sich aktiv am Unterrichtsgeschehen beteiligen können.
- *Persönliche Entwicklung*, d.h. Hausaufgaben dienen der Herausbildung von Verantwortung, Ausdauer, Zeitmanagement, Selbstbewusstsein, aber auch der Anerkennung von Schülerfähigkeiten, die im Unterricht selbst nicht direkt einbezogen werden können.
- *Zusammenarbeit der Lerngruppe*, d.h. die Stärkung von Zusammenarbeit durch Hausaufgaben, um die Schüler dazu anzuregen, sich gegenseitig zu motivieren und von einander zu lernen. So könnten Freunde und Mitschüler zusammen an kurz- oder langfristigen Aufgaben arbeiten oder sich zusammen auf Tests oder Klassenarbeiten vorbereiten.

Darüber hinaus könnten Hausaufgaben der Eltern-Kind-Beziehung, der Eltern-Lehrer-Kommunikation oder als Strafmaßnahme dienen. Diese Aspekte erscheinen, ebenso wie die Erteilung von Hausaufgaben, um gesetzlichen Vorgaben zu entsprechen oder die Öffentlichkeitsarbeit der Schule zu unterstützen, jedoch entweder für das deutsche Bildungssystem eher untypisch oder sind für die vorliegende Untersuchung irrelevant.

In der Forschung hat sich mittlerweile ein Konsens darüber gefunden, dass Hausaufgaben nur dann wirksam für die Unterstützung des Lernprozesses sein können, wenn sie eine entsprechende Qualität aufweisen. Mit Bezug auf Hascher/Hofmann (2011, 222) können, bisherigen Studien gemäß, folgende Qualitätskriterien festgestellt werden:

- Zeitnutzung, Art, Umfang und Häufigkeit der zu lösenden Hausaufgaben;
- Aufgabenstellung und Integration der Hausaufgaben in den Unterricht;
- Instruktionsqualität der Lehrperson bzgl. Hausaufgabenerteilung;
- Hausaufgabenstil und -engagement der Schüler und Schülerinnen;

- Unterstützung durch Eltern und häusliche Lernumgebung;
- Transferforderungen in der Situation der Leistungsüberprüfung.

Des Weiteren lassen sich laut Standop (vgl. 2011, 237) auf der Grundlage verschiedener Studien Zusammenhänge zwischen dem Lernerfolg durch Hausaufgaben und ihrer Qualität feststellen. Demzufolge kann der Lernerfolg (laut Studien bezogen auf den Mathematikunterricht, vgl. Lipowsky u.a., 2004) höher ausfallen, wenn die Schüler bei der Aufgabenbearbeitung über etwas Neues nachdenken müssen. Für die Auswertung sei darüber hinaus wichtig, dass die bloße Kontrolle mit inhaltlichen Rückmeldungen einhergeht und die Aufgaben prozessorientiert ausgewertet werden, also der Lösungsweg thematisiert oder auf Fehler eingegangen wird. Für die Aufgabenbearbeitung sei es von Bedeutung, dass Schüler Hausaufgaben kontinuierlich, gewissenhaft und regelmäßig erledigen, um von ihnen profitieren zu können.

Mit der Qualität eng verbunden sind auch der Umfang und die Häufigkeit der Vergabe von Hausaufgaben. Dazu fanden Cooper u.a. (vgl. 1998, 82) heraus, dass sich besonders bei jüngeren Schülern die häufige Gabe von Hausaufgaben negativ auf die Wahrnehmung dieser auswirkt und die Wahrscheinlichkeit, dass Schüler höherer Klassenstufen ihre Hausaufgaben vollenden, geringer wird, je mehr Hausaufgaben ihnen erteilt werden. Demzufolge müssten die Hausaufgaben an die Entwicklung der Schüler angepasst werden. Ergänzend dazu stellte Trautwein fest, dass nicht der Umfang einer Hausaufgabe ihre positive Auswirkung auf den Leistungszuwachs bestimmt, sondern die Häufigkeit, mit der Hausaufgaben generell erteilt werden (vgl. Trautwein, 2008, 566). Es ist also sinnvoller, öfter kleinere Hausaufgaben zu erteilen, als den Schülern eher selten umfangreiche Aufgaben zur Bearbeitung mitzugeben. Als Konsequenz ist festzuhalten, dass die Hausaufgabenpraxis des Lehrers die Effektivität der Hausaufgaben beeinflusst.

Entscheidend für die Bearbeitung ist das Hausaufgabenverhalten jedes Schülers. Ein von Trautwein u.a. (2006) vorgestelltes Modell zur Vergabe und Erledigung von Hausaufgaben stellt die Schülereigenschaften sowie die Erwartungen an und die Einschätzung des Nutzens von einer Hausaufgabe als wesentliche Einflussfaktoren auf die Bearbeitung von Hausaufgaben dar. Es spielen zum einen Geschlecht, kognitive Fähigkeiten und Gewissenhaftigkeit eine Rolle, zum anderen sind die Erwartung, eine Hausaufgabe meistern zu können und das wahrgenommene Verhältnis von Nutzen und Aufwand einer Hausaufgabe wesentlich dafür, ob ein Schüler motiviert ist, sie zu bearbeiten oder nicht (vgl. Trautwein u.a., 2006, 439f.). Für das fachbezogene Hausaufgabenverhalten seien darüber hinaus „time on task, homework effort, and learning strategies (cognitive and metacognitive)" (ebd.) entscheidend. Dies bedeutet, dass die für Hausaufgaben verwendete Zeit, also der Zeitraum der konzentrierten Bearbeitung, den Lerneffekt beeinflusst. Darüber hinaus spielt die Anstrengungsbereitschaft der Schüler, die auch das Regelverständnis und Hausaufgabenengagement der Kinder und Jugendlichen umfasst, eine tragende Rolle (vgl. ebd.).

Auch die Betreuung, die den Schülern während des Hausaufgabenprozesses geboten wird, beeinflusst ihre Wirkung. So konnten Cooper u.a. (1998, 82) feststellen, dass Hausaufgaben in jüngeren Klassen das selbständige Lernen fördern können. Die Autoren fügen hier an, dass dies insbesondere der Fall sei, wenn entsprechende Strategien im Unterricht thematisiert werden. Hausaufgaben nutzen dem Lernfortschritt der Schüler also erst, wenn sie ein Verständnis dafür entwickelt haben, wie sie selbständig am effektivsten lernen können.

Bezüglich der Lehrerrolle bei der Auswertung von Hausaufgaben stellte Niggli (vgl. 2010, 50) fest, dass nicht die Erledigungskontrolle, sondern die prozessorientierte Besprechung der Hausaufgaben für die Lernentwicklung besonders förderlich ist. Aus Elternsicht ist eine gute Hausaufgabenbetreuung (insbesondere in der offenen Ganztagsschule) dadurch gekennzeichnet, dass Schülern bei Verständnisfragen geholfen wird, sie auf Fehler in den Hausaufgaben hingewiesen werden, für eine ruhige Arbeitsatmosphäre gesorgt wird, Schüler lernen, selbständig zu arbeiten und ihre Hausaufgaben in der vorgegebenen Zeit vollständig zu erledigen (vgl. Haag/Brosig, 2011, 308).

Die direkte Einbeziehung der Eltern in die Betreuung der Hausaufgabenbearbeitung wird in der Forschung zwiespältig betrachtet. Trautwein weist darauf hin, dass elterliche Unterstützung in Bezug auf Hausaufgaben sowohl positive, als auch negative Effekte haben kann. Dabei würde eher nicht wünschenswertes elterliches Hausaufgabenverhalten häufig durch die Wahrnehmung der Schülerleistung als unzureichend ausgelöst und manifestiere sich bspw. in „einer primär ergebnisorientierten Unterstützung über fehlerhafte inhaltliche Erklärungen bis hin zu unnötigen Einmischungen, negativen Rückmeldungen und kontrollierenden Verhaltensweisen" (2008, 571). Darüber hinaus zeigen Haag/Brosig (vgl. 2008, 308), dass elterliche Unterstützung von der Klassenstufe des Kindes abhängig ist. Generell zeigt die Forschung ihrer

Ansicht nach, dass Eltern sich mit der Hausaufgabenbetreuung überfordert sehen. Es ist also davon auszugehen, dass die Betreuung des Hausaufgabenprozesses eher durch Lehrer und anderes pädagogisch geschultes Personal vorgenommen werden sollte.

Es ist auffällig, dass bisherige Studien zum Hausaufgabenprozess ihren Schwerpunkt auf die Untersuchung langfristiger Entwicklungen (vgl. Wild/Gerber, 2007) oder großer Schüler- und Lehrerzahlen gelegt haben. Konkrete Untersuchungen zu Hausaufgaben in Zusammenhang mit einem bestimmten Fach hat es bisher nur in Mathematik oder Fremdsprachen gegeben (vgl. Lipowsky u.a., 2004 bzw. Schnyder u.a., 2008). Es ist deshalb nötig, in einem folgenden Schritt die grundlegenden Ziele des Literaturunterrichts, der im Fokus dieser Untersuchung steht, zu klären.

2.5 Darstellung der Ziele des Literaturunterrichts

Die im empirischen Teil dieses Buches thematisierte Unterrichtssequenz bezieht sich auf die Behandlung eines Jugendromans. Aus diesem Grund ist die folgende Darstellung der Ziele des Literaturunterrichts beschränkt auf eine kurze Zusammenfassung der Kompetenzbereiche insgesamt und setzt sich danach mit den konkreten Anforderungen der Standards für den Umgang mit literarischen Texten in der 8. Klasse auseinander.

Der Deutschunterricht verfolgt die Ausbildung verschiedener Kompetenzbereiche, von denen alle auch für den Umgang mit Literatur von Bedeutung sind. Auch wenn im Rahmenlehrplan des Landes Brandenburg für das Fach Deutsch in der Sekundarstufe I keine Unterscheidung zwischen Literatur- und Sprachunterricht getroffen wird, lassen sich anhand der beschriebenen Kompetenzen und Standards die Ziele des Literaturunterrichts herausarbeiten.

Die fachbezogenen Kompetenzen umfassen:

- *Lesen – mit Texten und Medien umgehen*: im weitesten Sinne die Entnahme von Informationen aus verschiedenen Text- und Medienarten unter der Anwendung der entsprechenden Lesestrategien und -techniken.
- *Schreiben*: im weitesten Sinne die Fähigkeit, Texte „eigenständig, zielorientiert, situations- und adressatengerecht zu verfassen und sprachlich differenziert zu gestalten" (MJBS, 2008, 13). Dazu gehören auch der bewusste Einsatz stilistischer Mittel sowie die Reflexion des Schreibprozesses.

- *Sprechen und Zuhören*: umfasst die bewusste Wahrnehmung und Anwendung mündlicher Kommunikation unter Beachtung der gültigen gesellschaftlichen Konventionen. Besonders für den Literaturunterricht von Bedeutung ist die Fähigkeit, literarische Texte wirkungsvoll vorzutragen.
- *Sprachwissen und Sprachbewusstsein entwickeln*: bezieht sich in erster Linie auf die Herausbildung von Kenntnissen zum Sprachsystem und dessen Entwicklung sowie die Reflexion der eigenen Sprachverwendung. Für den Literaturunterricht ist dies insofern von Bedeutung, als dass literarische Texte immer auch als Formen der Sprachverwendung betrachtet werden können und somit Auskunft über den Status oder die Entwicklung dieser geben können.

Die Standards für die Doppeljahrgangsstufe 7/8 sehen für den Umgang mit literarischen Texten einige Schwerpunkte vor. Im Themenbereich B *Texte schreiben, gestalten und präsentieren* umfassen diese die Verwendung von Lesestrategien und -techniken sowie die Untersuchung literarischer Texte in Bezug auf ihre Genremerkmale und Gestaltungsmöglichkeiten. Darüber hinaus sollen Schüler der 8. Klasse über Texte schreiben und literarische Texte produktionsorientiert und kreativ schreiben und gestalten können (vgl. ebd., 52).

Zusätzlich sind die Vorgaben im Kompetenzbereich C für die Auseinandersetzung mit literarischen Texten von besonderer Bedeutung (vgl. Tabelle 1, S. 13). In dieser Übersicht wird die Vielschichtigkeit der Anforderungen, die im Zusammenhang mit dem Umgang mit literarischen Texten stehen, besonders deutlich. Schüler müssen über eine Vielzahl von Kompetenzen verfügen, um den Ansprüchen gerecht werden zu können. Da diese dem Schüler im Unterricht in Form von Aufgabenstellungen dargeboten werden, wird für die weitere Beschäftigung mit diesem Komplex ein Modell zur Analyse von Aufgabenstellungen im Literaturunterricht vorgestellt.

Tabelle 1: Übersicht zum Kompetenzbereich C für den Deutschunterricht[3]

C: Literarische Texte und Medien in thematischen Kontexten verstehen			
Lesen– mit Texten und Medien umgehen	Schreiben	Sprechen und Zuhören	Sprachwissen und Sprachbewusstsein entwickeln
- Lesestrategien anwenden - Erschließungsschritte anwenden - literarische Texte in ihren Gattungsmerkmalen untersuchen - literarische Texte in Kontexte einordnen - Sachtexte verstehen und nutzen	- Textinhalte zusammenfassen - individuelle Verstehensergebnisse aufgabengerecht darstellen - Sachinformationen zusammenfassen und schriftlich präsentieren - Textteile/Texte gestaltend erschließen oder selbst gestalten - Gestaltungsentscheidungen begründen - Bild-Text-Kombinationen untersuchen	- über eigenes Textverständnis sprechen - sich mit anderen über Verstehensergebnisse austauschen - Texte/Textteile hörerwirksam vortragen - sich über die Wirkung literarischer Vorträge austauschen - Vorträgen zielgerichtet Sachinformationen entnehmen	- über eigenes Textverständnis sprechen - sich mit anderen über Verstehensergebnisse austauschen - Texte/Textteile hörerwirksam vortragen - sich über die Wirkung literarischer Vorträge austauschen - Vorträgen zielgerichtet Sachinformationen entnehmen

2.6 Aufgabentheorie für den Literaturunterricht

Unabhängig davon, ob sie während des Unterrichts oder zuhause erledigt werden, Aufgaben sind ein Grundbestandteil jedes Unterrichts. Genauer definiert werden können sie als didaktische oder methodische Entscheidungen, die in ihrer Form den Charakter einer Handlungsanweisung oder eines -vorschlages für die Schüler haben (vgl. Leubner u.a., 2010, 183). Im Fach Deutsch dienen sie darüber hinaus der Operationalisierung der an das Fach geknüpften Kompetenzerwartungen und Standards (vgl. Abraham/Kepser, 2009, 260).

Um eine theoretisch fundierte Analyse von Aufgaben zu ermöglichen, haben Leubner u.a. (2010, 183ff.) ein Aufgabenmodell für den Literaturunterricht entworfen. Dieses wird im Folgenden beschrieben und im Punkt 3.3 als Grundlage für die Analyse der Aufgabenstellungen verwendet. Die Analyse einer Aufgabe erfolgt in diesem Modell anhand verschiedener Gesichtspunkte. Diese umfassen Format und Lenkungsgrad der Aufgabe, die angesprochenen (Teil-)Kompetenzen des Textverstehens, die erforderliche Methode, die Phasierung und den Schwierigkeitsgrad der Aufgabe.

---

[3] Tabelle entnommen aus: MJBS, 2008, 53.

Durch das Format wird die Textmenge reguliert, die für die Bearbeitung einer Aufgabe erforderlich ist. Bei Aufgaben im geschlossenen Format erfolgt keine Textproduktion, sondern die Auswahl oder Zuordnung vorgegebener Aussagen (z.B. Multiple Choice). Halboffene Aufgaben erfordern die Formulierung von Stichpunkten oder kurzen Sätzen oder das Ausfüllen von Lückentexten. Offene Aufgaben verlangen dagegen immer nach der Produktion eines mehr oder weniger umfangreichen Textes (vgl. ebd., 185ff.).

Der Lenkungsgrad ist eng mit dem Format verbunden und beeinflusst, „in welchem Maße die Lösung für eine Aufgabe von den Schülern selbstständig gefunden werden soll. Dabei können Aufgaben (eher) nichtlenkend oder (eher) lenkend sein" (ebd., 187). Lenkung kann auf unterschiedliche Weise erfolgen. Den Schülern kann angegeben werden, welche Analysekategorien sie verwenden sollen oder die Aufgabenstellung enthält Hinweise auf wichtige Textstellen. Auch die Vorgabe von Teilergebnissen der Analyse bzw. Interpretation oder die Vorgabe von Hypothesen, die überprüft werden sollen, können als Lenkung verstanden werden. Im Gegensatz dazu müssen die Schüler bei nichtlenkenden Aufgaben selbstständig entscheiden, welches Wissen sie zur Bearbeitung der Aufgabe benötigen (vgl. ebd., 188).

Leubner u.a. (ebd., 195) gehen davon aus, dass das Textverstehen in Phasen gegliedert werden kann. Die Auseinandersetzung mit dem Text beginnt bereits mit der Erstrezeption. Darauf folgen das Erkennen von Textelementen und ihren Beziehungen, die Deutung des Textes und der Wirklichkeitsbezug. Da für die einzelnen Teilleistungen des Textverstehens oft gesonderte Aufgaben gestellt werden, können diese den entsprechenden Phasen zugeordnet werden.

Des Weiteren fordern Aufgaben die Schüler zur Anwendung einer bestimmten Methode, z.B. der Textanalyse, auf.

Die Einschätzung des Schwierigkeitsgrades einer Aufgabenstellung ist eng mit dem Format und Lenkungsgrad der Aufgabe verbunden. Das Maß an Leistung, das einem Schüler von einer Aufgabe abverlangt wird, hängt aber nicht nur mit diesen beiden Aspekten zusammen, sondern wird laut Leubner u.a. (2010, 192) auch vom Schwierigkeitsgrad des Textes bestimmt, der zu bearbeiten ist. Die anderen Aspekte der Aufgabenanalyse spielen demnach für die Bestimmung des Schwierigkeitsgrades eher keine Rolle.

2.7 Zusammenfassung

In diesem Kapitel ist die Grundlage für den nun folgenden empirischen Teil des Buches geschaffen worden. Auf die gewonnenen Erkenntnisse zum Hausaufgabenprozess wird im weiteren Verlauf der Untersuchung zurückgegriffen, um die Frage, inwieweit sich die Sichtweisen von Lehrern und Schülern auf den Hausaufgabenprozess unterscheiden, aus theoretischer und praktischer Sicht beantworten zu können. Darüber hinaus konnte festgestellt werden, dass Hausaufgaben ein wichtiger Teil des schulischen Lernens sind, die unter Beachtung bisheriger Forschungsergebnisse zur Qualität von Hausaufgaben und zu wünschenswertem Betreuungsverhalten von Lehrern und Eltern durchaus eine unterstützende Wirkung für den Lernprozess haben können.

Die Kenntnisse zum Literaturunterricht und der mit ihm verbundenen Aufgabentheorie werden insbesondere bei der Einschätzung der Sequenz und der Hausaufgaben Anwendung finden.

3 Hausaufgaben im Literaturunterricht einer 8. Klasse

3.1 Ziel und Fragestellung

Der Hausaufgabenprozess ist ein immer wiederkehrender Ablauf im alltäglichen Unterricht, der in vorangegangenen Studien bereits vielfältig unter verschiedensten Zielsetzungen untersucht worden ist. Es scheint dabei umso erstaunlicher, dass während dieser Studien zwar Einstellungen und Verhaltensweisen von Lehrern, Schülern und Eltern in Bezug auf Hausaufgaben begutachtet worden sind, die Hausaufgaben selbst aber kaum zum Thema der Betrachtung gemacht wurden. In dieser Untersuchung soll nun das Hausaufgabenverhalten von Lehrern und Schülern unter Beachtung der erteilten Hausaufgaben erforscht werden. Genauer sollen folgende Fragen durch die Studie beantwortet werden:

- Welche Überlegungen führen zur Auswahl von Hausaufgaben?
- Wie erfolgt die Vergabe von Hausaufgaben und wie wird sie von den Schülern wahrgenommen?
- Welche Erwartungen stellt ein Lehrer an die Bearbeitung der Hausaufgaben und inwieweit werden diese von den Schülern erfüllt?
- Wie wird die Gestaltung von Hausaufgabenkontrolle und -auswertung durch die Schüler wahrgenommen?
- Wie schätzen Lehrer und Schüler die Wirkung der Hausaufgaben ein?

3.2 Methodisches Vorgehen

3.2.1 Gestaltung der Untersuchung

Um die Beantwortung der Forschungsfrage(n) verlässlich mit empirischen Daten unterlegen zu können, wurde in Bezug auf eine Unterrichtssequenz der Blickwinkel einer Lehrkraft mit den verschiedenen Sichtweisen der durch sie unterrichteten Klasse gegenübergestellt.

Dazu wurde Ende Mai 2012 ein Leitfadeninterview[4] mit der Lehrkraft geführt. Diese erstellte zur beiderseitigen Vorbereitung des Gesprächs eine Grobplanung der Se-

---

[4] Der Fragenkatalog ist im Anhang zu finden – sh. Punkt 6.3, 59.

quenz inklusive der erteilten Hausaufgaben, um im Interview gezielt auf diese eingehen zu können. Das Interview wurde aufgezeichnet und transkribiert.

Im Anschluss an das Interview wurden fünf möglichst verschiedene Hausaufgaben ausgewählt, auf deren Grundlage dann die Befragung der Schüler vorbereitet wurde. Die Schüler erhielten im Rahmen der Erhebung einen Fragebogen[5]. Dieser sollte zuerst ihre allgemeine Wahrnehmung von Hausaufgaben und in Bezug auf Hausaufgaben im Fach Deutsch erfragen. Darüber hinaus sollten Informationen über die genaue Wahrnehmung des Hausaufgabenprozesses in Bezug auf die detailliert zu untersuchenden Hausaufgaben aufgenommen werden. Die Durchführung der Befragung fand während einer regulären Deutschstunde Mitte Juni 2012 statt, die Lehrerin war nicht anwesend. Von den insgesamt 28 Schülern waren 27 anwesend, welche alle an der Befragung teilnahmen. Zur Unterstützung der Erinnerung an die einzelnen Hausaufgaben lag den Schülern die von der Lehrerin erstellte Zusammenfassung der Sequenz vor.

3.2.2 Beschreibung der Ausgangsbedingungen

Im Wintersemester 2011/2012 absolvierte ich an dem Gymnasium, an dem die Untersuchung durchgeführt wurde, mein Praxissemester und habe während dieser Zeit einen umfangreichen Einblick in die Gegebenheiten an der Schule erhalten können. Dies erwies sich im Zusammenhang mit dieser Untersuchung als besonderer Vorteil, da ich sie mit einer Lehrerin und einer Klasse durchführen konnte, mit der ich aus dem Praktikum bereits sehr gut vertraut war. Die an der Untersuchung teilnehmende Lehrkraft war während dieser Zeit meine Mentorin und erschien mir aufgrund ihrer zahlreichen Kompetenzen als Deutschlehrerin, ihrer Bereitschaft, sich ständig weiterzuentwickeln und ihres hohen Engagements als geeignete Gesprächspartnerin für die Untersuchung. Von ihrer Lehrtätigkeit ausgehend, fiel die Auswahl der Lerngruppe auf eine der 8. Klassen der Schule, welche ich während des Praxissemesters selbst über mehrere Stunden hinweg unterrichtet hatte. Die Schülerinnen und Schüler erschienen insbesondere wegen ihrer sehr guten Kritikfähigkeit als geeignet für die Untersuchung.

---

[5] Der Fragebogen ist im Anhang zu finden – sh. Punkt 6.4, 61.

Die Schule ist das einzige staatliche Gymnasium im Umkreis einer größeren Stadt im Osten des Landes Brandenburg, woraus zum einen resultiert, dass sie keine Spezialisierung aufweist. Zum anderen ergibt sich aus dem großen Einzugsgebiet für viele Schüler ein langer Fahrtweg von und zu der Schule, der sich auf die zeitlichen Ressourcen zur Bearbeitung von Hausaufgaben negativ auswirken kann.

Das Hausaufgabenkonzept der Schule beruht auf den im Punkt 2.3 dieses Buches vorgestellten Verwaltungsvorschriften, ergänzt diese jedoch insbesondere in Bezug auf die Regulierungen zum vorliegenden offenen Ganztagsbetrieb. Dieser soll genutzt werden, um im Rahmen der Hausaufgabenbetreuung die Individualisierung der Hausaufgaben zu ermöglichen.[6] Um den Schülern die Möglichkeit ruhigen Arbeitens zu geben, wurden in der Schule entsprechende Hausaufgabenräume eingerichtet.

3.2.3 Die Unterrichtssequenz in groben Zügen

Der Roman „Indigosommer" von Antje Babendererde wurde 2011 vom LISUM in die Liste der Lektüreempfehlungen für die 8. Klasse aufgenommen. Rechtfertigung dafür sind die große Themenfülle des Jugendromans, der sich mit Liebe, Drogenkonsum und seinen Folgen, interkulturellen Problemen sowie Tod und dem Umgang damit auseinandersetzt (vgl. LISUM, 2011, 5).

Die Schüler wählten den Roman aus den Empfehlungen des LISUM in einer demokratischen Abstimmung aus. Jeder Schüler kaufte ein Exemplar des Buches. Die Behandlung von „Indigosommer" erstreckte sich über einen recht langen Zeitraum von Februar bis Mai 2012, da die Osterferien und ein zweiwöchiges Praktikum der Schüler in diese Zeit fielen.

Die Sequenz wurde über Kurzreferate zu verschiedenen, mit dem Buch in Verbindung stehenden, Themen vorbereitet. Die Lektüre des Romans erfolgte nach einer gemeinsamen Anlesestunde individuell außerhalb der Unterrichtszeit.

Die allgemeinen Lernziele der Sequenz widerspiegeln die Vielseitigkeit des Literaturunterrichts, denn es werden alle Kernkompetenzen angesprochen. Hauptziele der Sequenz sind unter anderem die Förderung von Leselust bei den Schülern, die kritische Auseinandersetzung mit den im Roman thematisierten Problemen sowie die analytische Arbeit am Text.

---

[6] Quelle: Hausaufgabenkonzept des Gymnasiums, 2012, [unveröffentlichtes Manuskript].

Der genaue Verlauf der Sequenz soll an dieser Stelle nicht weiter ausgeführt werden, sondern kann den entsprechenden Materialien (Planung zur Unterrichtssequenz sowie eine auf deren Grundlage erstellte kalendarische Übersicht) im Anhang entnommen werden (sh. Punkte 6.5 und 6.6 auf den S. 69-72).

3.3 Darstellung der Ergebnisse

In diesem Abschnitt der Untersuchung werden die Ergebnisse des Lehrerinterviews und der Schülerbefragung gegenübergestellt. Dies geschieht aus Gründen der Übersichtlichkeit themenbezogen. Die Ergebnisse zu den einzelnen Hausaufgaben werden nach der Darstellung der gesammelten Daten jeweils kurz zusammengefasst, um bei der sich anschließenden Diskussion besser zugänglich zu sein.

Die jeweiligen Aufgabenstellungen der Hausaufgaben sind der Sequenzplanung (Punkt 6.5, im Anhang S. 69) entnommen.

An dieser Stelle muss angemerkt werden, dass die Fragebögen aufgrund von Fehl- und Doppelangaben nicht zuverlässig Auskunft darüber gaben, ob der befragte Schüler männlich oder weiblich ist. Aus diesem Grund wird in der Auswertung die männliche Form verwendet, auch wenn Schülerinnen dabei selbstverständlich gleichfalls berücksichtigt werden.

3.3.1 Wahrnehmung der Unterrichtssequenz durch Lehrer und Schüler

Da es während der Planungszeit zur Sequenz noch keine Unterrichtsmaterialien zu „Indigosommer" gab, auf die die Lehrerin hätte zurückgreifen können, orientierte sie sich an den im Rahmenlehrplan vorgegebenen Anforderungen und Standards. Daneben war für sie die Förderung der Leselust von zentraler Bedeutung[7]. Nach dieser Phase stellte sie den Schülern ihre Planung vor und erarbeitete aus den gesammelten Ideen die Konzeption der Einheit, die sich für sie „bewährt hat". Auch das Schülerfeedback zur Sequenz sei ihrer Auskunft nach positiv ausgefallen.

Es kann davon ausgegangen werden, dass die Motivation, am Roman zu arbeiten, bei vielen Schülern sehr hoch war. Dies lässt sich durch die Angabe der Lehrerin stützen, dass „Schüler dann schon teilweise schneller waren, als [sie] es wollte" und schon

---

[7] Direkt oder indirekt wiedergegebene Äußerungen der Lehrkraft wurden dem Transkript des Leidfadeninterviews entnommen. Dieses wurde nicht zur Veröffentlichung bereitgestellt.

lange vor Beginn der Sequenz die Erstrezeption des Buches abgeschlossen hatten. Dabei nahm sie es auch als großen Vorteil war, dass die Auswahl des Buches durch die Schüler getroffen wurde, da es auf sie selbst zurückzuführen sei, wenn der Inhalt dann doch nicht ihren Vorstellungen entspricht.

Die Befragung der Schüler zielte in diesem Bereich insbesondere darauf ab, festzustellen, ob sie den Roman selbst gewählt haben oder etwas anderes lesen wollten. Ebenfalls herausgefunden werden sollte, wie ihnen die Sequenz allgemein gefallen hat.

Die Auswertung (vgl. Tabelle 2) zeigt, dass 19 von 27 Schülern sich für „Indigosommer" entschieden hatten. Von ihnen fanden 12 Gefallen an der Sequenz, während die restlichen eher mittelmäßig zufrieden damit waren. Bei vier Schülern wäre die Auswahl auf ein anderes Buch gefallen und ebenso viele gaben an, sich nicht mehr erinnern zu können, welches Buch sie gewählt hatten. Ein Schüler ergänzte seine Auswahl der Antwortmöglichkeit „weiß nicht mehr" mit der Anmerkung, dass er während der Auswahl des Buches krank war und deshalb nicht daran teilnehmen konnte. Die Einschätzung der Sequenz fiel hier zu gleichen Teilen gut bis mittelmäßig aus. Insgesamt beantworteten 14 Schüler die Frage, ob ihnen die Sequenz zu „Indigosommer" gefallen hat, mit ja, 12 waren teilweise zufrieden und ein Schüler gab an, keinen Gefallen an der Sequenz gefunden zu haben.

Tabelle 2: Schülerangaben zur Wahrnehmung der Sequenz

Ich wollte *Indigosommer* lesen:	Ja			Nein			Weiß nicht mehr		
	19			4			4		
Die Unterrichtseinheit zu dem Roman hat mir gefallen.	ja	teils, teils	nein	ja	teils, teils	nein	ja	teils, teils	nein
	12	7	0	0	3	1	2	2	0

Es ist erkennbar, dass Schüler, die sich selbst für das Buch entschieden hatten, auch mit der Sequenz deutlich zufriedener waren als jene, die ein anderes Buch gewählt hatten. Da über die Hälfte der Schüler ganz und die restlichen bis auf einen Schüler teilweise Gefallen an der Sequenz gefunden haben, lässt sich die Annahme weiter unterstützen, dass die Schüler während der Arbeit an dem Buch größtenteils sehr motiviert gewesen sind.

3.3.2 Allgemeine Wahrnehmung von Hausaufgaben

Grundlagen der Hausaufgabenpraxis einer Deutschlehrerin

Mit Blick auf die in Punkt 2.3 vorgestellten Regelungen und Hinweise für den Umgang mit Hausaufgaben, schien es von Interesse, festzustellen, auf welcher Grundlage die an der Untersuchung teilnehmende Lehrerin ihre Hausaufgabenpraxis entwickelt hat. Der entsprechende Teil des Interviews ergab, dass insbesondere ihr Einsatz von Hausaufgaben davon abhängt, welche Ziele in der Sequenz erreicht werden sollen und wo sich „die Notwendigkeit einer Nachbereitung oder einer Vorbereitung [ergibt]". Eine „wissenschaftliche Grundlage" gäbe es für ihre Hausaufgabenpraxis demnach nicht.

Hausaufgaben: Nützlich oder nicht?

Aus Sichtweise der Lehrerin sind Hausaufgaben „unerlässlich". Dabei ist es für sie auch eine selbstverständliche Hausaufgabe, dass Schüler sich unaufgefordert auf den Unterricht vorbereiten, um eine effektive Unterrichtsarbeit zu ermöglichen. Des Weiteren sieht sie die teilweise Verlagerung umfangreicher schriftlicher Arbeiten auf die Zeit nach Schulschluss als notwendig an, „weil die [Zeit] im Unterricht einfach nicht da ist". Darüber hinaus dienten Hausaufgaben im Allgemeinen besonders der Übung und Festigung des im Unterricht erarbeiteten Stoffes.

Hausaufgaben sind für mich...

- 5; 24% — reine Zeitverschwendung
- 4; 19% — ein notwendiges Übel
- 12; 57% — eine gute Möglichkeit, mich zuhause mit dem Unterrichtsstoff zu beschäftigen

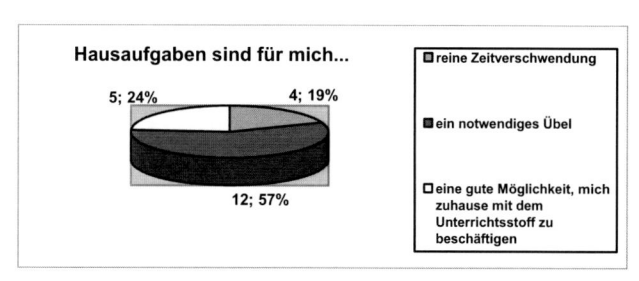

Abbildung 1: Schülerangaben - Hausaufgaben sind für mich...

Die Schüler stehen Hausaufgaben wesentlich weniger aufgeschlossen gegenüber, denn über die Hälfe gab an, dass diese für sie ein notwendiges Übel seien (vgl. Abbildung 1). Die Möglichkeit, ihre Meinung durch die Beantwortung des offenen Frageteils zu individualisieren, wurde von drei Schülern genutzt. Diese gaben an, dass Hausaufgaben „als Vorbereitung auf den Unterricht trotzdem sinnvoll" seien, „zwar wichtig [wären], oft aber keinen Spaß [machten]" oder sie oft zu stark durch sie belastet wären.

Fünf Schüler gaben an, dass Hausaufgaben eine gute Möglichkeit wären, sich zuhause mit dem Unterrichtsstoff zu beschäftigen. Zwei ergänzten dies dadurch, dass sie so zwar ihren Lernstand verbessern könnten, die Aufgaben aber „nicht immer sinnvoll" oder „manchmal auch Zeitverschwendung" seien. Eine knappe Minderheit von vier Schülern erachtet Hausaufgaben als reine Zeitverschwendung. Ein Schüler gab an, dass dies besonders dann der Fall sei, wenn sie sich mit unbekanntem Stoff auseinandersetzen. Des Weiteren haben zwei Schüler „eh keine Zeit dafür" oder kategorisieren sie als „Müll für die Tonne". Drei Schüler hielten sich nicht ganz an die Fragestellung und boten lediglich eigene Meinungen an. Diese umfassen die Wahrnehmung von Hausaufgaben als: „oft unnötig, manchmal wichtig/hilfreich"; „in bestimmten Sachen unnötig, aber auch wichtig, falls man ein Thema nicht kapiert hat"; „sehr nervig, aber auch gut, bestimmte Dinge zu üben".

Belastung durch Hausaufgaben

Generell scheint die Wahrnehmung von Hausaufgaben vor allem dadurch beeinflusst zu sein, inwieweit sich Schüler durch sie belastet fühlen (vgl. Tabelle 3). Ein entsprechender Teil der Befragung ergab, dass sich etwa die Hälfte der Schüler von Hausaufgaben besonders belastet fühlt, wenn sie von einem Tag auf den nächsten angefertigt werden müssen (14 positive Angaben). Über die Hälfte empfindet es als belastend, an einem Tag Hausaufgaben für mehrere Fächer erledigen zu müssen (16 positive Angaben).

Tabelle 3: Schülerangaben zur Belastung durch Hausaufgaben im Allgemeinen

Hausaufgaben Allgemein	trifft überhaupt nicht zu	trifft eher nicht zu	trifft eher zu	trifft voll und ganz zu
Hausaufgaben belasten mich besonders, wenn…				
• sie von einem Tag auf den nächsten erledigt werden müssen.	1	12	8	6
• ich an einem Tag Hausaufgaben für mehr als zwei Fächer erledigen muss.	1	9	11	5
Ich fände es gut, wenn…	0	3	3	21
• unsere Lehrer/innen sich untereinander absprechen würden, wie viele Hausaufgaben sie uns aufgeben.				
• wenn bei umfangreichen Hausaufgaben zwischen dem Tag der Vergabe und der Auswertung mindestens zwei Tage vergehen.	0	2	12	13

Bemerkenswert ist, dass neben den durch Hausaufgaben belasteten Schülern auch ein deutlicher Anteil der Schüler, die diesem Punkt nicht zustimmten, es befürworten würden, wenn ihre Lehrkräfte sich über die Menge der vergebenen Aufgaben verständigen würden (insgesamt 24 positive Angaben) und für die Erledigung umfangreicher Hausaufgaben mehr Zeit zur Verfügung stünde (insgesamt 25 positive Angaben).

Aus dem Interview ist bekannt, dass Absprachen unter den Lehrkräften in Bezug auf Hausaufgaben eher selten stattfinden. In der Sekundarstufe I versuche man zwar, den Lehrern in der Hausaufgabenbetreuung entsprechende Hinweise zu geben, worauf geachtet werden muss, ansonsten sei „(…) die Zeit [einfach] nicht da". Eintragungen ins Klassenbuch seien auch eher selten eine Hilfe, da Umfang und zeitlicher Aufwand einer Hausaufgabe daraus oft nicht abgeleitet werden könnten.

Hier scheint ein Problem in der Hausaufgabenpraxis von Lehrern und Schülern zu bestehen, das sich nicht ohne weiteres lösen lässt. Um dem Wunsch der Schüler nach mehr Absprachen bzgl. der Menge und des Umfangs von Hausaufgaben nachkommen zu können, muss m.E. zuerst ein System entwickelt werden, dass die Regulation dessen für die Lehrkräfte leicht durchführbar macht.

3.3.3   Wahrnehmung von Hausaufgaben im Literaturunterricht

Aufgrund der Annahme, dass sich die fachspezifische Wahrnehmung von Hausaufgaben von der allgemeinen Einstellung zu ihnen unterscheiden könnte, wurden die Lehrerin und die Schüler dazu gesondert befragt.

Zwecke von Hausaufgaben im Literaturunterricht

Ergänzend zur Übung und Festigung sieht die Lehrerin das vor- oder nachbereitende Lesen als eine Hauptaufgabe, die von den Schülern zuhause erbracht werden muss. Ferner sei die Recherche zu literarischen Themenkomplexen eine Arbeit, die als Hausaufgabe erfüllt werden kann.

Mit Bezug auf die in Punkt 2.4 vorgestellten Qualitätskriterien für Hausaufgaben, wurden die Schüler deshalb danach gefragt, ob der Zweck einer Aufgabe für sie selbst bei der Vergabe deutlich wird (vgl. Tabelle 4). Dabei ergab sich, dass die deutliche Mehrzahl von 21 Schülern dem eher oder voll und ganz zustimmen würde. Die restlichen gaben an, dass dies eher nicht der Fall sei.

Tabelle 4: Wahrnehmung von Zweck und Einbindung der Hausaufgaben

Hausaufgaben im Deutschunterricht	trifft überhaupt nicht zu	trifft eher nicht zu	trifft eher zu	trifft voll und ganz zu
Wenn meine Lehrerin mir Hausaufgaben erteilt, weiß ich immer, welchem Zweck sie dienen.	0	6	15	6
Ich finde es wichtig, dass Hausaufgaben, die ich für eine Deutschstunde gemacht habe, auch in den Unterricht einbezogen werden.	2	5	12	8
Meine Lehrerin bezieht Hausaufgaben, die sie uns gibt, auch in den Unterricht mit ein.	0	0	16	11

Bedeutung der Einbindung in den Unterricht

Die Äußerung der Lehrerin, „Die [Einbindung von Hausaufgaben in den Unterricht, der Verf.] ist mir schon sehr wichtig, sonst würde ich sie ja nicht aufgeben", zeugt von einem gut durchdachten Einsatz von Hausaufgaben. Diese würden in ihrem Unterricht immer einbezogen werden, auch wenn es manchmal erst eine Stunde später als geplant passiere. Würde man die Aufgaben nicht einbeziehen, wären sie auch aus ihrer Sicht „Zeitverschwendung".

Die Befragung der Schüler zu diesem Aspekt ergab, dass insgesamt 20 Schüler es für wichtig erachten, dass ihre Hausaufgaben in den Unterricht einbezogen werden, während sieben dem eher nicht zustimmten. Der Aufforderung, ihre Entscheidung in einer offenen Antwort zu begründen, kamen 20 Schüler nach. Bei den Schülern, die der Einbindung von Hausaufgaben eine sehr hohe Bedeutung beimessen, gaben zwei an, dass diese sonst nutzlos wären und zwei betonten, dass ihnen das Feedback der Lehrerin wichtig sei. Darüber hinaus wurde angemerkt, dass die Präsentation von Hausaufgaben sich positiv auf die sonstige Mitarbeit auswirken kann, weshalb die Ergebnisse auch thematisiert werden sollten. Schüler, die die Einbindung als eher wichtig einschätzen, gaben ebenfalls an, dass die Erledigung sonst sinnlos gewesen sei (drei Angaben) oder sahen in der Möglichkeit eines Feedbacks durch die Lehrerin einen Vorteil (sechs Angaben). Ein Schüler unterschied zwischen leichten und schweren Aufgaben, wobei gerade die umfangreichen Vorbereitungen auf eine Klassenarbeit eher im Unterricht zu thematisieren seien, als leichte Aufgaben, die „man nicht unbedingt kontrollieren [muss]". Für eher oder ganz unnötig wurde die Einbindung der Hausaufgaben gehalten, weil die bloße Kontrolle der Ergebnisse ausreiche oder die Hausaufgaben für den eigenen Lernfortschritt gemacht werden und deshalb im Unterricht nicht weiter thematisiert werden müssten (zwei Angaben).

Unabhängig von ihrer eigenen Einschätzung der Wichtigkeit, gaben alle Schüler mit Abstufungen an, dass die Hausaufgaben im Deutschunterricht ihrer Lehrerin einbezogen werden (vgl. Tabelle 4, S. 24).

Kontrolle und Auswertung von Hausaufgaben im Literaturunterricht

Aus der Sicht der Lehrerin ist die Auswertung für die Schüler überaus wichtig. So sei eine Präsentation der Ergebnisse ein positiver Faktor für die Beteiligung am Unterricht. Des Weiteren würde sie vor allem umfangreiche schriftliche Arbeiten, wie Textanalysen, vorlesen lassen oder auch einsammeln, um gezielte Rückmeldungen geben oder die Leistung bewerten zu können. Gleichzeitig erhielten die Schüler gerade durch das Vorlesen auch die Möglichkeit, ihre eigene Leistung mit der der anderen zu vergleichen. Darüber hinaus bestünde bei ihr immer auch die Möglichkeit, Hausaufgaben abzugeben, um ein Feedback einzuholen.

Um die Meinung der Schüler zu erfragen, wurde bewusst ein Unterschied zwischen der bloßen Erledigungskontrolle der Hausaufgaben und der Besprechung des Lösungsweges gemacht, um diesbezüglich möglichst differenzierte Antworten zu erhalten. Dabei ergab sich, dass der Auswertung von Hausaufgaben durch die Schüler wesentlich mehr Bedeutung beigemessen wird, als der Kontrolle. So halten 14 Schüler die Überprüfung der Erledigung für wichtig, während 24 die Besprechung der nötigen Methoden bedeutsam finden (vgl. Tabelle 5).

Tabelle 5: Wahrnehmung der Kontrolle/Auswertung

Hausaufgaben im Deutschunterricht	trifft überhaupt nicht zu	trifft eher nicht zu	trifft eher zu	trifft voll und ganz zu
Ich finde es wichtig, dass meine Lehrerin kontrolliert, ob wir unsere Hausaufgaben gemacht haben.	2	11	9	5
Ich finde es wichtig, dass meine Lehrerin die Bearbeitung der Hausaufgabe im Unterricht mit der Klasse bespricht.	1	2	11	13

Hausaufgaben als Problemquelle

In Bezug auf Konflikte, die durch Hausaufgaben im Deutschunterricht verursacht worden sind, gaben 10 Schüler an, dass sie sich an einen solchen Konflikt erinnern konnten. Ein konkretes Beispiel wurde jedoch nur von acht Schülern benannt. 11 Schüler wussten nicht, ob es wegen Hausaufgaben schon einmal zu einer Problemsituation gekommen war und vier verneinten die Frage. Die konkreten Beispiele sind sehr unterschiedlich und zeigen das vielseitige Konfliktpotential von Hausaufgaben:

- Hausaufgabe war die Vorbereitung einer Präsentation, die einige Schüler nicht erledigt hatten. Die Lehrerin bestand auf den Vortrag und die betroffenen Schüler bekamen eine schlechte Note. Diese Situation hatte für zwei Schüler Konfliktpotential.
- Eine Meinungsverschiedenheit darüber, ob Hausaufgaben vergeben worden waren oder nicht. Diese Situation wurde ebenfalls zweimal benannt.
- Die Hausaufgaben waren von einem Großteil der Schüler nicht gemacht worden, sodass keine effektive Unterrichtsarbeit möglich war.
- Die Schüler hatten Probleme mit der Durchführung einer Analyse, wofür die Lehrerin aus ihrer Sicht nicht genügend Verständnis zeigte.
- Die aus Schülersicht zu kurzfristige Nachholung einer Rezitation, nachdem der Schüler während der Erarbeitungsphase wegen Krankheit nicht anwesend war.
- Während der Erarbeitung einer schriftlichen Leistung wurde von einigen Schülern das Urheberrecht missachtet, was die Lehrerin nach Einschätzung eines Schülers aufregte und enttäuschte.

Deutlich wird, dass die Wahrnehmung des Konfliktes sich vor allem danach richtet, was die Schüler im Zusammenhang mit Hausaufgaben und der Hausaufgabenpraxis eines Lehrers als gerechtfertigt empfinden. Es werden wesentlich mehr Probleme mit Hausaufgaben beschrieben, die von der Lehrerin ausgehen bzw. für die sie verantwortlich gemacht wird. Nur zwei der acht Nennungen stellten Probleme vor, die in der Verantwortlichkeit der Schüler standen.

Die Lehrerin selbst konnte sich im Interview an keine schwerwiegenden Konflikte erinnern. Es sei zwar „[manchmal] (…) der Drucker kaputt, wenn denn was auszudrucken ist" oder die Hausaufgaben werden vergessen. In diesem Fall seien die Schüler aber ehrlich genug, ihr das mitzuteilen und wissen, dass die Aufgabe unaufgefordert nachgeholt werden muss. Im Zweifelsfalle würden die Hausaufgaben von ihr in einem metaunterrichtlichen Gespräch thematisiert, um den Schülern die Wichtigkeit der Vorbereitung auf den Unterricht oder anstehende Klassenarbeiten noch einmal zu verdeutlichen.

Auf die Frage, wie die Schüler solche Gesprächssituationen empfinden, reagierten 17 Schüler positiv. Vier von ihnen sehen darin eine gute Möglichkeit, mit dem

Lehrer ins Gespräch zu kommen und ihre Probleme zu klären, zwei finden den Anstoß zur Selbstreflexion hilfreich. Darüber hinaus gaben neun Schüler an, dass Gespräche über Hausaufgaben nützlich seien, um von der Lehrerin Erklärungen bezüglich der Aufgabe zu erhalten und somit zu einem besseren Verständnis dieser zu gelangen. Ein Schüler empfindet diese Situationen als positiv, weil dadurch Zeit vom Deutschunterricht verloren ginge, ein weiterer vertritt die Meinung, dass „man es [ansonsten] nie lernt". Als negativ empfunden werden Gespräche über Hausaufgaben von acht Schülern, die Begründungen der Schüler fallen auch hier sehr unterschiedlich aus. Drei Schüler halten es für unnötig, da Gespräche nichts an der Hausaufgabenpraxis der Schüler ändern würden. Ein Schüler sieht es als Aufgabe der Klassenlehrerin an, Probleme mit Hausaufgaben zu besprechen und ein weiterer argumentiert, dass diese Gespräche Zeitverschwendung seien, da Schüler der 8. Klasse alt genug seien, um sich selbst um eine angemessene Hausaufgabenpraxis zu bemühen. Ebenfalls vorgeschlagen wird, dass es effektiver wäre, wenn die Lehrerin mit den Schülern zusammen Hausaufgaben machen würde, um ihnen zu erklären, wie „es richtig gemacht wird". Während zwei Schüler ihre Entscheidung nicht weiter begründeten, gaben zwei weitere Schüler zu beiden Möglichkeiten eine Einschätzung ab. Den Begründungen nach seien Gespräche über Hausaufgaben gut als Denkanstoß geeignet, würden bei einem Schüler auf der anderen Seite aber auch dazu führen, dass er sich „dann wieder wie ein dummer Schüler fühl[t]".

Zusammenfassung

Der Befragungsteil zur Wahrnehmung von Hausaufgaben im Deutschunterricht ergab, dass neben der Festigung des Unterrichtsstoffs vor allem die Lektüre als Vor- bzw. Nachbereitung des Unterrichts für den Literaturunterricht von Bedeutung ist. In jedem Fall werden die Schüler bei der Vergabe in ausreichender Form über den Zweck der Hausaufgabe informiert. Die Einbindung der Aufgaben in den Unterricht wird von einem Großteil der Schüler als wichtig empfunden. Alle von ihnen geben an, dass Hausaufgaben im Literaturunterricht grundsätzlich einbezogen werden, was sich mit den Ausführungen der Lehrerin deckt. In Bezug auf die Kontrolle und Auswertung konnte festgestellt werden, dass letztere für die Schüler von größerer Bedeutung ist. Darüber hinaus ist das vielseitige Konfliktpotential von Hausaufgaben erkennbar geworden, das vorwiegend von den Schülern wahrgenommen wird. Eine

Thematisierung dieser Probleme im Unterricht wird von den Schülern zwiespältig betrachtet, von der Lehrerin aber zuweilen als notwendig erachtet.

3.3.4 Hausaufgabe 1: Ein Lesetagebuch führen

3.3.4.1 Analyse der Aufgabe

Dem in Punkt 2.6 vorgestellten Aufgabenmodell für den Literaturunterricht folgend, ist das Führen eines Lesetagebuchs eine anspruchsvolle Aufgabe, da besonders in diesem konkreten Fall keine weiteren Vorgaben gemacht wurden. Es handelt sich also um eine offene Aufgabenstellung mit geringem Lenkungsgrad. Darüber hinaus versteht sich ein Lesetagebuch als Unterstützung des Rezeptionsprozesses, sodass die Bearbeitung sehr individuell ist und Schüler entsprechend ihrer Vorlieben Schwerpunkte setzen können. Generell werden jedoch Informationen zum Inhalt sowie den Figuren und ihrer Konstellation darin festgehalten. Das Lesetagebuch kann deshalb einen wesentlichen Beitrag zum Textverstehen leisten.

3.3.4.2 Überlegungen zur Auswahl

Die Überlegung, ein Lesetagebuch führen zu lassen, wurde der Lehrerin zufolge durch Materialien des LISUM zum Thema Lesemotivation angeregt. Die Entscheidung zur Durchführung der Hausaufgabe wurde den Schülern selbst überlassen, weil sie die Aufgabe nicht als Pflicht sehen, sondern gerne machen sollten. Generell sollte das Lesetagebuch dazu dienen, „den Leseprozess zu begleiten und (…) Dinge auch im Unterricht (…) schneller rekapitulieren [und] auffinden zu können". Dabei hatte sie keine besonderen Erwartungen an die Bearbeitung der Hausaufgabe, schließlich sei das Lesetagebuch als Unterstützung für die Schülerhand gedacht gewesen, das direkt auch nicht weiter in den Unterricht einbezogen werden sollte.

3.3.4.3 Wahrnehmung der Vergabe

Die Vergabe erfolgte in der ersten Phase der Sequenz und wurde durch die Lehrerin mehr als Vorschlag, denn als Hausaufgabe formuliert. Dabei erhielt sie von den Schülern die Rückmeldung, dass diese noch aus der Grundschule wüssten, wie ein Lesetagebuch geführt wird. Aus diesem Grund erfolgten zu der Aufgabe keine weiteren Erklärungen. Für den Großteil war diese Art der Aufgabenvergabe verständlich, insgesamt 20 von den 26 Schülern, die diesen Teil des Fragebogens bearbeitet haben, gaben an, eher oder voll und ganz verstanden zu haben, was zu machen war. Die restlichen Schüler gaben an, dass die Vergabe eher nicht hilfreich für ihr Verständnis der Aufgabe war (vgl. Abbildung 7, im Anhang S. 57). Auch der Zweck der Aufgabe ist einem Großteil der Schüler (16 Angaben im positiven Bereich) deutlich geworden, wohingegen hier 10 Schüler angaben, den Zweck eher nicht oder gar nicht verstanden zu haben (vgl. Abbildung 8, im Anhang S. 57).

3.3.4.4 Bearbeitung der Aufgabe

Die Umfrage ergab, dass lediglich eine Schülerin das Lesetagebuch geführt hat (vgl. Abbildung 9, im Anhang S. 58). Retrospektiv gab sie als Begründung für ihre Entscheidung an, dass ihr das Tagebuch bei der Arbeit mit Textstellen half, während andere Schüler erst das ganze Buch durchblättern mussten. Bezüglich des Schwierigkeitsgrades gab sie an, dass das Tagebuch im normalen Bereich lag.

24 Schüler gaben an, die Hausaufgabe aus verschiedensten Gründen nicht gemacht zu haben. Unter den häufigsten Gründen befinden sich Zeitmangel (drei Angaben, z.B. „Ich mache viel außerschulisches und habe für so etwas keine Zeit".), keine Lust (sieben Angaben, z.B. „Ich hatte keine Lust darauf".) oder die Unterbrechung des Leseprozesses (drei Angaben, z.B. „Ich lese immer abends im Bett und dann möchte ich nichts mehr aufschreiben oder noch etwas für die Schule machen."). Darüber hinaus sahen vier Schüler das Lesetagebuch als unnötig an, unter anderem, weil das Buch für sie nicht interessant war. Für zwei Schüler sprach der hohe Zeitaufwand gegen die Durchführung der Aufgabe. Von ihnen gab einer an, die Entscheidung im Laufe der Unterrichtsarbeit bereut zu haben, da das Lesetagebuch hilfreich hätte sein können. Ein Schüler hatte die Hausaufgabe vergessen. Ein weiterer gab keine Begründung seiner Entscheidung an.

Auch wenn diese Möglichkeit im Fragebogen nicht vorgesehen war, gaben zwei Schüler an, das Lesetagebuch ansatzweise geführt, sich also Notizen zum Inhalt des Romans gemacht zu haben.

3.3.4.5 Einschätzung der Wirkung

Die Durchführung der Aufgabe wurde im Unterricht nicht weiter besprochen. Die Lehrerin gab an, dass ihr eine Kontrolle in diesem Fall nicht wichtig war, weil das Lesetagebuch von vornherein „für die Schülerhand an sich gedacht [war]". Definitiv bestätigen konnte sie, dass eine Schülerin das Tagebuch geführt hat. Da keine Auswertung erfolgt war, fiel es ihr aber schwer, die tatsächliche Wirkung des Tagebuchs einzuschätzen. Sie erinnerte sich daran, dass Schüler bei der Figurencharakteristik oder der Rezension auf ihre Notizen zurückgriffen haben und kam zu dem Schluss, dass jene, die die Hausaufgabe wahrgenommen haben, „definitiv [davon] profitiert [haben]".

Die Schülerin gab an, dass sie die Aufgabe als durchaus nützlich empfand, da sie im Vergleich zu den anderen Schülern einen Vorteil bei der Arbeit mit dem Buch hatte und sie darüber hinaus durch die stetige Reflexion des Gelesenen den Inhalt des Romans besser verstehen konnte. Gern gemacht habe sie die Aufgabe nicht unbedingt, da sie sehr zeitaufwändig war.

3.3.4.6 Zusammenfassung

Auch wenn die Anforderungen der Aufgabe von den meisten Schülern während der Vergabe verstanden wurden, blieb der Zweck für einige Schüler unklar. Die Einschätzung der Wirkung durch die Lehrerin und die Schülerin zeigt, dass es durchaus vorteilhaft war, die Hausaufgabe zu bearbeiten. Die Überlegung, das Lestagebuch könne den Schülern während der Arbeit am Roman als Hilfe dienen erwies sich also als richtig. Dies wird auch durch die Aussage eines anderen Schülers bestätigt, der während der Arbeit im Unterricht feststellte, dass das Tagebuch nützlich gewesen wäre. Für die Nichterledigung der Hausaufgabe wurden verschiedene Gründe genannt, am häufigsten vertreten war jedoch die Begründung, dass die entsprechenden Schüler auf die Hausaufgabe keine Lust hatten. Die meisten von ihnen hatten zuvor angegeben, den Zweck der Aufgabe nicht verstanden zu haben. Darüber hinaus kann auf Grundlage der hohen Anzahl von Schülern, die die Aufgabe nicht erledigt haben, spekuliert werden, dass Schüler den Umgang mit freiwilligen Hausaufgaben, d.h. die Reflexion des Verhältnisses von Aufwendung und Nutzen, erlernen müssen.

3.3.5 Hausaufgabe 2: Textarbeit für die Charakteristik der Lieblingsfigur im Roman

Aufgabenstellung: *Wählt euch während der Beschäftigung mit der Lektüre eine Figur aus, die euch besonders gefällt. Markiert euch entsprechende Textstellen, um eine Figurencharakteristik vorzubereiten. Diese benötigt ihr für die Arbeit in eurer Gruppe. Alle Schüler, die sich für dieselbe Figur entschieden haben, werden in einer Gruppe zusammen arbeiten.*

3.3.5.1 Analyse der Aufgabe

Im Vergleich zum Lesetagebuch ist diese Aufgabe weniger anspruchsvoll, da die Lenkung hier sehr viel ausgeprägter ist. Die Schüler konnten bei der Erarbeitung der Textstellen auf bereits vorhandenes Wissen zur Figurencharakteristik und entsprechenden Arbeitsmaterialien zurückgreifen. Auch das Format dieser Aufgabe kann als eher geschlossen eingeschätzt werden, da relevante Textstellen lediglich markiert werden sollten. Natürlich ist die Aufgabe in Bezug auf die mit ihr verbundene Analysearbeit umfangreich, da sich aber auf eine Figur konzentriert werden sollte, liegt das Anspruchsniveau dieser Aufgabe m.E. insgesamt im normalen Bereich.

3.3.5.2 Überlegungen zur Auswahl

Zur Auswahl dieser Hausaufgaben führten der Lehrerin zufolge zwei wesentliche Überlegungen: Zum einen sollten die Schüler dadurch eine Identifikationsfigur im Roman finden und zum anderen sollte die Textarbeit als Grundlage für die im Unterricht durchgeführten Textanalysen dienen. Insbesondere an diesen zweiten Aspekt konnten gewisse Erwartungen geknüpft werden, dass die Textarbeit zur Vorbereitung der Figurencharakteristik entsprechend der vorgegebenen und den Schülern bekannten Kriterien beiträgt.

3.3.5.3 Wahrnehmung der Vergabe

Die Hausaufgabe wurde gleich zu Beginn der Sequenz mündlich aufgetragen. Dabei wurde den Schülern erklärt, welche Erwartungen an sie gestellt werden und dass die Hausaufgabe als Vorbereitung einer Gruppenarbeit zu den einzelnen Figuren dient. Die Schüler notierten sich die Hausaufgabe selbständig, wobei es nach Auskunft der Lehrerin keine Probleme gab. Diese Wahrnehmung der Vergabe kann durch die Ergebnisse der Schülerbefragung bestätigt werden. Ihnen zufolge hat die deutliche Mehrzahl der Schüler sowohl Inhalt als auch Zweck der Hausaufgabe verstanden (vgl. Abbildung 8, im Anhang S. 57).

Von den 26 Schülern, die die Frage nach dem inhaltlichen Verständnis der Aufgabe beantwortet hatten, gaben insgesamt 23 eine positive Rückmeldung zur Vergabe (vgl. Abbildung 7, im Anhang S. 57). Drei gaben an, eher nicht verstanden zu haben, was von ihnen verlangt wird. Der Zweck der Hausaufgabe war 11 Schülern vollständig und ebenso vielen eher deutlich geworden, fünf gaben an, eher nicht verstanden zu haben, wozu die Aufgabe dient.

3.3.5.4 Bearbeitung der Aufgabe

Vollständig erledigt wurde die Hausaufgabe von 19 Schülern, von sieben teilweise und eine Schülerin gab an, die Hausaufgabe in dieser Form nicht gemacht zu haben, weil sie zuerst alle Figuren kennen lernen wollte und sich deshalb zu allen Notizen gemacht hatte (vgl. Abbildung 9, im Anhang S. 58). Von den insgesamt 26 Schülern, die die Aufgabe ganz oder teilweise bearbeitet haben, schätzten 25 ihren Schwierigkeitsgrad als normal ein. Ein Schüler gab keine Einschätzung ab.

Diese Aufgabe war die erste, bei der auch die Selbständigkeit der Erarbeitung in Betracht gezogen wurde. Dabei gaben 15 Schüler an, die Hausaufgabe alleine bewältigt zu haben, während elf weitere die Hilfe ihrer Mitschüler in Anspruch genommen haben. Darüber hinaus gab ein Schüler zusätzlich an, die Ergebnisse von einem Mitschüler abgeschrieben zu haben.

3.3.5.5 Wahrnehmung der Kontrolle und Auswertung

Da die Hausaufgabe als Vorbereitung auf eine Gruppenarbeit zur Figurencharakteristik diente, fand eine erste Auswertung der Ergebnisse in den Gruppen selbst statt. Dabei sei insbesondere während der Auswertung der Präsentationen, die am Ende dieser Arbeitsphase standen, deutlich geworden, wer seinen Teil der Vorbereitung gut gemacht hatte und wer eher von der Arbeitsbereitschaft der anderen profitieren wollte. Diese Art der Auswertung wurde von der Lehrerin als durchaus praktikabel eingeschätzt, da die Schüler sich ihrer Ansicht nach aufgrund ihrer guten Kritikfähigkeit gegenseitig motivieren und disziplinieren konnten. So wurde von ihr während der Gruppenarbeit durchaus registriert, wie die einzelnen Schüler vorbereitet waren, im Unterricht angesprochen wurde dies aber erst nach den einzelnen Gruppenpräsentationen.

Die Art der Auswertung, in diesem Fall also die Verwendung der gefundenen Textstellen als Grundlage für eine Gruppenarbeit, war für acht Schüler hilfreich, für drei Schüler traf dies nicht zu. Der Großteil von 14 Schülern gab an, dass die Auswertung in dieser Form für sie teilweise hilfreich war. Ein Schüler hatte zu diesem Punkt keine Angabe gemacht (vgl. Abbildung 10, im Anhang S. 58).

3.3.5.6 Einschätzung der Wirkung

Im Zusammenhang mit der Wirkung der Aufgabe wurde immer auch nach dem Gefallen dieser gefragt, da davon ausgegangen wird, dass eine Hausaufgabe, die für die Schüler einen deutlich erkennbaren Nutzen hat, eher gerne bearbeitet wird, als eine Hausaufgabe, bei der dies nicht der Fall ist. Im Zusammenhang mit der Textarbeit zur Figurenanalyse ergab dieser Teil der Befragung, dass jeweils die Hälfte der Schüler die Aufgabe als nützlich bzw. nicht nützlich empfand (vgl. Abbildung 2).

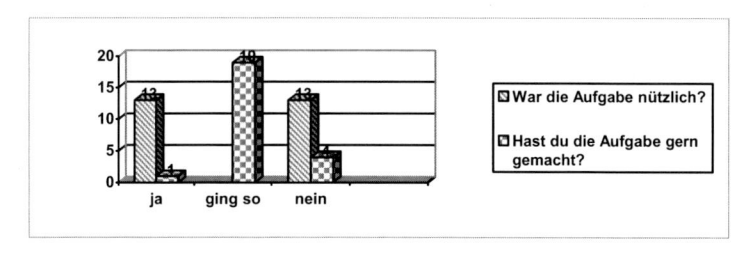

Abbildung 2: Hausaufgabe 2 - Nutzen und Gefallen

Als Begründungen für diese Einschätzung wurde auf der positiven Seite angegeben, dass so eine genauere Beschäftigung mit dem Buch erfolgen konnte (fünf Angaben), dadurch die Fähigkeiten zur Text- und Figurenanalyse gefestigt werden konnten (drei Angaben) oder die Zusammenarbeit im Unterricht dadurch besser ablief (zwei Angaben). Darüber hinaus wurde als hilfreich empfunden, dass bei der Lektüre ein Fokus gelegt wurde oder dass durch die Präsentation eine gute Note erreicht werden konnte. Die negative Einschätzung war bei vier Schülern dadurch begründet, dass die Aufgabe „keinen Sinn für das richtige Leben" habe. Des Weiteren gaben zwei Schüler an, dass sie den Sinn der Aufgabe nicht verstanden hätten, einzelne weitere begründeten ihre Einschätzung damit, dass ihnen das Buch nicht gefallen hatte oder sie die Aufgabe als zu leicht empfanden. Weitere Angaben umfassten, dass keine Lieblingsfigur gefunden werden konnte oder das Buch nur oberflächlich gelesen wurde.

Von der Lehrerin wurde diese Art der Vorbereitung als grundsätzlich effektiv empfunden, auch wenn sie zu bedenken gab, dass „Schüler, die den Weg des geringsten Widerstands gehen wollten, (…) durchaus die Möglichkeit [hatten]". Die Verantwortung, dies zu regulieren, überließ sie in diesem konkreten Fall jedoch den einzelnen Gruppen.

Auf die Frage danach, ob sie diese Hausaufgabe gerne gemacht haben, antworteten vier Schüler mit nein (vgl. Abbildung 2). Als Begründung wurden mit der Aufgabe verbundene Anstrengungen, wie z.B. ständiges hin- und herblättern, genannt. Darüber hinaus sei die Aufgabe langweilig gewesen oder das Buch traf nicht den Geschmack des Schülers. Der Großteil von 19 Schülern wählte den Mittelwert. Hier wurden verschiedene Begründungen genannt, den Aufwand, den Nutzen („unnötig", „Zeitverschwendung") oder die Arbeitszeit („Die Aufgabe war interessant, aber auch zeitaufwändig".) betreffend. Andere Schüler empfanden die Aufgabe als langweilig und einer erklärte seine Wahrnehmung der Aufgabe damit, dass es ihm schwer gefallen sei, für eine der Figuren Empathie zu entwickeln, wo ihm das Buch als Ganzes nicht gefallen hatte. Gern hatte lediglich die Schülerin die Hausaufgabe gemacht, die auch das Lesetagebuch geführt hatte. Dieses sei als Unterstützung sehr hilfreich gewesen, da es bereits Informationen zu allen wichtigen Figuren enthielt.

3.3.5.7 Zusammenfassung

Hauptziel dieser Hausaufgabe war die Vorbereitung der Unterrichtsarbeit in den entsprechenden Gruppen, was sich entsprechend der Wahrnehmung der Lehrerin als effektiv erwies. Die Gestaltung der Vergabe als mündlich erteilte Information wurde von den meisten Schülern verstanden, auch der Zweck der Aufgabe war den meisten von ihnen dadurch deutlich geworden. Ganz erledigt wurde die Hausaufgabe von einem Großteil der Schüler, von manchen nur teilweise. Ein Schüler hatte die Aufgabe in dieser Form nicht erledigt, sondern sie für sich auf alle Figuren ausgeweitet. Insgesamt hat ein Großteil der Schüler alleine gearbeitet, viele hatten aber auch mit Mitschülern zusammen gearbeitet. Dies könnte dadurch begründet werden, dass die Figurencharakteristik in einer Gruppenarbeit erstellt wurde. Die Auswertung in Form dieser Gruppenarbeit wurde von den meisten Schülern als mehr oder weniger hilfreich empfunden. Damit indirekt verbunden könnte auch die Einschätzung des Nutzens der Aufgabe sein, die die Klasse in zwei Hälften teilte. Auch wenn die Schwierigkeit der Aufgabe von den Schülern als normal eingestuft wurde, klagten viele von ihnen später darüber, dass die Aufgabe zu aufwändig oder langweilig gewesen wäre, um sie gerne zu machen. Insgesamt scheint diese Hausaufgabe dennoch ihren Zweck der Vorbereitung erfüllt zu haben, was die Lehrerin durch die Ergebnisse der Gruppenarbeit bestätigt sah.

3.3.6 Hausaufgabe 3: Wiederholung des Wissens zur Analyse epischer Texte

Aufgabenstellung: *Seht euch eure Aufzeichnungen zur Arbeit an epischen Texten noch einmal an, so dass ihr das erlernte Wissen auch auf den Roman anwenden könnt.*

3.3.6.1 Analyse der Aufgabe

Diese Aufgabenstellung lässt sich mit den Kriterien des Aufgabenmodells nur schwer erfassen, da es sich um die Wiederholung vorhandenen Wissens handelt. Es war hier nicht nötig, einen Text zu produzieren und die Informationsquelle waren die eigenen Aufzeichnungen zu epischen Texten. Diese waren im Winter 2011 erarbeitet worden. Es kann also davon ausgegangen werden, dass diese Wiederholungsaufgabe an die Schüler keine zu hohen Ansprüche gestellt hat, obgleich die Textanalyse an sich eine durchaus anspruchsvolle Aufgabe ist.

3.3.6.2 Überlegungen zur Auswahl

Die Hausaufgabe wurde von der Lehrerin erteilt, weil sie in Hinblick auf die anstehenden Unterrichtsstunden zu verschiedenen Aspekten der Textanalyse das Grundgerüst absichern wollte. Die Erarbeitung dieser Kriterien im Unterricht lag bereits einige Zeit zurück, weshalb sie eine Wiederholung für sinnvoll hielt. An diese Hausaufgabe war also auch die Erwartung gebunden, dass die Schüler sich zur nächsten Stunde vorbereiten und ihr Wissen reaktivieren, um es dann im Unterricht am Text anwenden zu können.

3.3.6.3 Wahrnehmung der Vergabe

Die Aufgabe wurde im Anschluss an die Präsentationen zur Figurencharakteristik mündlich, durch eine Notiz an der Tafel unterstützt, aufgetragen. Dabei wurden die Schüler auch darüber informiert, dass das so reaktivierte Wissen in den nächsten Stunden für die Auseinandersetzung mit dem Roman benötigt wird. Trotzdem gaben jeweils fünf Schüler an, den Inhalt und Zweck der Aufgabe eher nicht oder gar nicht verstanden zu haben (vgl. Abbildung 7 bzw. Abbildung 8, im Anhang S. 57). Der Großteil der Schüler hatte dies während der Vergabe größtenteils (jeweils 11 Angaben) oder ganz verstanden (jeweils 7 Angaben).

3.3.6.4 Bearbeitung der Aufgabe

Von sieben Schülern wurde diese Hausaufgabe teilweise erledigt, jeweils acht Schüler gaben an, sie ganz bzw. gar nicht bearbeitet zu haben (vgl. Abbildung 9, im Anhang S. 58). Zwei Schüler hielten fest, dass sie sich nicht mehr daran erinnern konnten, ob sie diese Hausaufgabe gemacht haben oder nicht. Die Begründungen für das Nichterledigen der Aufgabe reichten von „keine Lust" über „vergessen einzutragen" (drei Angaben) bis hin zu „Habe nicht verstanden, was zu machen ist". Ein Schüler gab an, bei der Vergabe nicht anwesend gewesen zu sein.

Drei Schüler empfanden die Aufgabe als zu schwer, zwei als zu leicht. Die restlichen elf nahmen den Schwierigkeitsgrad der Aufgabe als angemessen wahr. Des Weiteren gaben 11 Schüler an, die Hausaufgabe alleine gemacht zu haben, vier hatten Hilfe, dabei jeweils zwei von einem Mitschüler oder einem Familienmitglied.

Ein Fragebogen enthielt bzgl. der Bearbeitung dieser Hausaufgabe keine Angaben.

3.3.6.5 Wahrnehmung der Kontrolle und Auswertung

Die Auswertung der Hausaufgabe erfolgte in Form eines Unterrichtsgesprächs, in dem das Wissen an einem Textauszug angewendet und besprochen wurde. Dabei war es der Lehrerin besonders wichtig, dass die Schüler sich selbständig Notizen zu den Punkten machen, die ihnen interessant erschienen, weil die Anfertigung eines Tafelbildes ihrer Ansicht nach mitunter zu viel Zeit in Anspruch nimmt. Ebenfalls hatte sie den Eindruck, dass die meisten Schüler gut vorbereitet waren, da die Mitarbeit in dieser Stunde sehr hoch, d.h. höher als sonst gewesen sei. Von den 15 Schülern, die die Aufgabe bearbeitet hatten, fand der Großteil die Auswertung im Unterrichtsgespräch für sich hilfreich. Vier Schüler konnten aus der Auswertung teilweise einen Nutzen ziehen, während dies für einen Schüler gar nicht der Fall war (vgl. Abbildung 10, im Anhang S. 58).

3.3.6.6 Einschätzung der Wirkung

Die Lehrerin gab an, dass die Hausaufgabe „hundertprozentig effektiv" gewesen sei. Von den Schülern, die die Hausaufgabe bearbeitet haben, gaben zehn an, dass sie sie als nützlich wahrgenommen haben (vgl. Abbildung 3). Sechs Schüler begründeten dies damit, dass die Aufgabe gut zur Wiederholung gewesen sei. Weitere Meinungen umfassten: „So konnte ich mich auf die Analyse vorbereiten", „Danach hatte ich verstanden, was wir [bei einer Analyse, d. Verf.] machen müssen" und „Das brauche ich später sicher noch". Für die restlichen vier Schüler, die sich dazu äußerten, hatte die Aufgabe keinen erkennbaren Nutzen. Zwei von ihnen erklärten ihre Einschätzung damit, dass sie die Hausaufgabe nicht verstanden hatten oder ihnen der Stoff bereits bekannt war und nicht hätte wiederholt werden müssen.

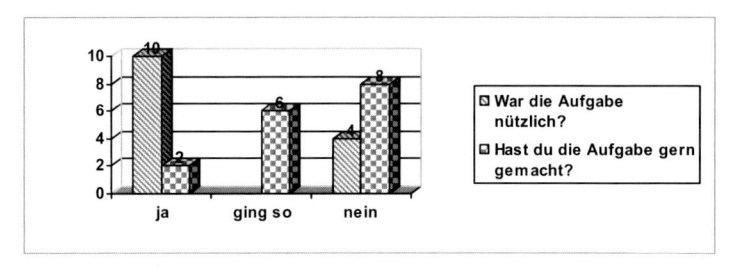

Abbildung 3: Hausaufgabe 3 - Nutzen und Gefallen

Auf die Frage, ob sie die Hausaufgabe gerne gemacht hätten, antwortete der Großteil mit nein (vgl. Abbildung 3). Ein Schüler gab an, dass die bloße Wiederholung langweilig gewesen sei, zwei hätten die aufgewendete Zeit lieber anders genutzt. Darüber hinaus sei die Hausaufgabe einem Schüler „zu schwer" gewesen, ein weiterer empfand sie als störend, weil die Suche nach den Aufzeichnungen so lange dauerte. Die anderen erklärten ihre Entscheidung nicht genauer. Als Begründungen unter den mittelmäßigen Einschätzungen fanden sich Zeitmangel oder die negative Wahrnehmung der Aufgabe (z.B. „war ja nur eine Wiederholung"). Gefallen hat die Aufgabe zwei Schülern, die dies damit begründeten, dass sie „Spaß gemacht [hat]" oder die Wiederholung nützlich war.

3.3.6.7 Zusammenfassung

Da diese Hausaufgabe der Wiederholung bereits erarbeiteten und angewendeten Wissens diente, kann ihr Schwierigkeitsgrad als eher gering eingeschätzt werden. Es ist deshalb erstaunlich, dass die Aufgabe von drei der 14 Schüler, die sie bearbeitet haben, als zu schwer empfunden wurde. Für den Großteil lag die Anforderung jedoch im normalen Bereich. Die Vergabe hat ihren Zweck, über Anforderungen und Nutzen der Hausaufgabe zu informieren, nachweislich erfüllt, denn ein Großteil der Schüler bestätigte, dass beides für sie deutlich geworden war. Das Aufgabenangebot wurde jedoch nur von verhältnismäßig wenigen Schülern genutzt. Nur acht von ihnen hatten die Aufgabe vollständig erledigt. Trotzdem empfand die Lehrerin die Aufgabe vor allem deshalb als effektiv, weil die Beteiligung der Schüler während der Auswertung überdurchschnittlich hoch war. Dass die Schüler die Erwartungen der Lehrerin erfüllen konnten, auch wenn sie die Hausaufgabe nicht wie gefordert bearbeitet haben, könnte unter Umständen damit zusammenhängen, dass der Lernstoff bereits bekannt war und manche Schüler sich vielleicht während der Auswertung auch ohne die Wiederholung zuhause wieder an einzelne Aspekte erinnern konnten.

Die Auswertung im Unterrichtsgespräch mit entsprechenden Abschnitten der Anwendung, wurde von der Mehrheit als nützlich, von wenigen auch als teilweise nützlich eingestuft. Der Nutzen der Hausaufgabe als Vorbereitung war von der Lehrerin als sehr hoch bewertet worden, was sich auch mit den Einschätzungen der Schüler deckt. Interessant ist, dass lediglich zwei Schüler angaben, die Hausaufgabe gern gemacht zu haben, während einige derer, auf die dies nicht zutraf, besonders kritisierten, dass es sich um eine bloße Wiederholungsaufgabe handelte.

3.3.7 Hausaufgabe 4: Fertigstellung der schriftlichen Analyse eines Textauszuges

Aufgabenstellung: *Stellt bitte die im Unterricht evtl. nicht beendeten Arbeiten fertig bzw. überarbeitet, was noch zu verbessern wäre.*

3.3.7.1 Analyse der Aufgabe

Ausgehend von der ursprünglichen Aufgabe, einen selbst gewählten Textauszug vollständig zu analysieren, kann diese Hausaufgabe als schwierig eingestuft werden. Das Format ist offen, da die zu produzierende Textmenge nicht weiter eingegrenzt wurde und eine Lenkung ist eher nicht vorhanden. Zwar wurden die einzelnen Analysekategorien zuvor im Unterricht besprochen, während der Anwendung wurden aber keine Hinweise dazu gegeben, welche Kategorien auf welchen Teil des Romanauszugs anwendbar sind. Darüber hinaus wird hier ein komplexes Textverständnis gefordert, dass sowohl die Erkennung von Strukturen als auch ihre Deutung mit einschließt.

Der Anspruch, der durch die weitere Bearbeitung zuhause an die Schüler gestellt wurde, hängt sicherlich von dem Engagement jedes einzelnen ab.

3.3.7.2 Überlegungen zur Auswahl

Für die Durchführung der schriftlichen Analyse eines selbst gewählten Textauszuges – es wurden insgesamt drei angeboten, die die Schüler zuhause bereits vorbereitend lesen sollten – waren zwei Unterrichtsstunden vorgesehen. Diese Zeit war aufgrund des Umfangs der Aufgabe nicht ausreichend, sodass aus Sicht der Lehrerin für die Schüler die Notwendigkeit bestand, zuhause weiter an ihren Texten zu arbeiten. Es wurde von der Lehrerin erwartet, dass unter Nutzung von zusätzlicher Zeit zuhause vollständige Texte entstehen, die in den folgenden Stunden entsprechend ausgewertet werden konnten.

3.3.7.3 Wahrnehmung der Vergabe

Die Hausaufgabe wurde am Ende der Doppelstunde erteilt und der Wahrnehmung der Lehrerin entsprechend „war [es] für die Schüler logisch, dass sie das zuhause beenden würden". Dabei wurden die Schüler auch darauf hingewiesen, dass die Resultate ihrer Arbeit in den folgenden Stunden vorgestellt werden sollen.

Dies wird durch die Wahrnehmung der Schüler größtenteils bestätigt. Alle 26 Schüler, die diesen Teil des Fragebogens ausgefüllt hatten, haben die Anforderungen der Hausaufgabe eher oder ganz verstanden (vgl. Abbildung 7, im Anhang S. 57). Auch was die Klärung des Zweckes der Hausaufgabe betrifft, war die Vergabe von einem Großteil der Schüler als effektiv wahrgenommen worden. Lediglich sieben Schüler gaben an, eher nicht verstanden zu haben, wozu die Hausaufgabe dienen soll (vgl. Abbildung 8, im Anhang S. 57).

3.3.7.4 Bearbeitung der Aufgabe

Die Hausaufgabe wurde von 18 Schülern ganz und von vieren teilweise erledigt (vgl. Abbildung 9, im Anhang S. 58). Zwei Schüler gaben an, die Hausaufgabe aus Zeitmangel und weil sie sie entweder vergessen haben oder an diesem Tag nicht da waren, nicht gemacht zu haben. 23 Schüler hatten Angaben dazu gemacht, ob sie die Aufgabe selbständig bearbeitet haben. Daraus ergab sich, dass 19 Schüler die Arbeit alleine bewältigt hatten, während drei die Hilfe von einem Mitschüler oder einem Familienmitglied (zwei Angaben) gesucht hatten. Der Schwierigkeitsgrad der Aufgabe wurde von drei Schülern als zu hoch, von einem als zu niedrig empfunden. Die restlichen 18 schätzen ihn als normal ein.

3.3.7.5 Wahrnehmung der Kontrolle und Auswertung

Die Ergebnisse dieser Arbeitsphase wurden in den folgenden zwei Einzelstunden durch die Schüler präsentiert. Die Schüler hatten zusätzlich die Möglichkeit, ihre Analyse abzugeben. Da die Schüler an verschiedenen Textauszügen gearbeitet hatten, wurde diese Auswertung von der Lehrerin nicht als zu langatmig empfunden. Zur Qualität der Texte liegt seitens der Lehrerin keine Äußerung vor.

Auf Schülerseite empfanden 13 Schüler diese Art der Auswertung als hilfreich, für sieben traf dies nur teilweise zu. Drei Schüler gaben an, dass die Präsentation der Analysen im Unterricht für sie keinen Nutzen hatte (vgl. Abbildung 10, im Anhang S. 58).

3.3.7.6 Einschätzung der Wirkung

Für die Lehrerin war die Gestaltung des Schreibprozesses effektiv, weil „die Schüler auch lernen [müssen], sich ihre Zeit im Unterricht einzuteilen" um sie so auf Prüfungssituationen vorzubereiten. Trotzdem habe sie „kein Problem damit gehabt, zu sagen, ‚Ihr dürft das zuhause noch überarbeiten oder auch entsprechend beenden.'".

Die Aufgabe selbst wurde von 12 der 22 sich dazu äußernden Schüler als nützlich empfunden (vgl. Abbildung 4). Sie begründeten ihre Entscheidung damit, dass sie durch sie ihre Schreibkompetenz schulen (7 Angaben) oder einfach nur üben konnten (eine Angabe). Ein Schüler empfand sie als hilfreich, weil Textanalysen eine immer wieder gestellte Aufgabe sind, ein weiterer fand insbesondere die Zeit zuhause als hilfreich, um Verbesserungen vornehmen zu können. Von den zehn Schülern, die die Hausaufgabe nicht als nützlich wahrgenommen hatten, begründeten zwei dies damit, dass sie „im Unterricht verstanden [hatten], worum es geht" und die Beschäftigung zuhause deshalb unnötig fanden. Vier Schüler fragten nach dem Sinn der Aufgabe und einer gab an, die Hausaufgabe nicht benötigt zu haben, weil er bereits im Unterricht fertig geworden war. Eine Schülerin empfand die Hausaufgabe nicht als sinnvoll, weil ihrer Ansicht nach die Analysearbeit im Unterricht erfolgt sei und die Fertigstellung zuhause demnach keinen Sinn mache.

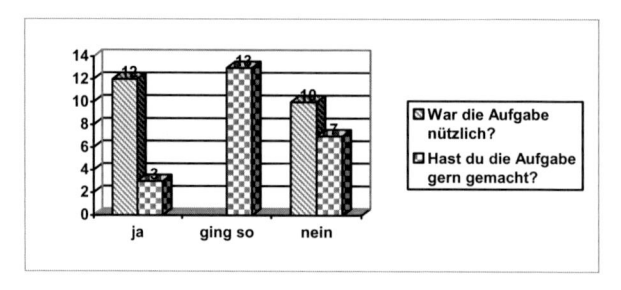

Abbildung 4: Hausaufgabe 4 - Nutzen und Gefallen

Bezüglich des Gefallens der Hausaufgabe äußerten sich drei Schüler positiv, weil die Aufgabe „interessant" war oder ihnen Schreiben Spaß macht. Die Mehrzahl von 13 Schülern hatte die Hausaufgabe halbwegs gerne erledigt, fünf Schüler begründeten dies mit dem hohen Zeitaufwand, einer mit der hohen Schwierigkeit der Aufgabe. Des Weiteren wurde angegeben, dass die Aufgabe unnötig gewesen sei oder Textarbeit allgemein nicht gefiel. Sieben Schülern hatten die Hausaufgabe nicht gerne gemacht und begründeten dies damit, dass die Aufgabe zu langweilig (zwei Angaben) oder zu schwer (zwei Angaben) gewesen sei. Darüber hinaus sei für einzelne Schüler keine weitere Festigung nötig gewesen oder Textanalyse eine unbeliebte Arbeit.

3.3.7.7 Zusammenfassung

Da es sich bei der Textanalyse um eine sehr anspruchsvolle Aufgabe handelt, ist nachvollziehbar, dass die Lehrerin den Schülern so viel Zeit zur Bearbeitung geben wollte, wie sie benötigen. Auf Schülerseite wurde die Textanalyse vom Großteil als eine Aufgabe mit normalem Schwierigkeitsgrad eingeschätzt, drei Schülern war sie aber auch zu schwer. Die Hausaufgabe wurde am Ende der Doppelstunde erteilt und war laut Lehrerin für die Schüler eindeutig. In Bezug auf die Anforderungen wird dies durch die Schüleraussagen bestätigt, der Zweck blieb jedoch für eine beachtliche Anzahl von Schülern eher unklar. Wahrgenommen wurde die Hausaufgabe trotzdem von einem Großteil der Schüler, auch wenn vier den Text nur teilweise bzw. zwei ihn gar nicht beendeten oder überarbeiteten. Die Auswertung in Form von Präsentation im Unterricht mit einem entsprechenden Feedback wurde ebenfalls von der Mehrheit als hilfreich oder zumindest teilweise hilfreich wahrgenommen. In Bezug auf die Wirkung erscheint insbesondere mit Blick auf die ergänzenden Angaben fraglich, ob die Schüler ausreichend zwischen der Textanalyse an sich und der Möglichkeit, sie zuhause weiter zu bearbeiten, differenziert haben. Lediglich ein Schüler gab an, dass die Hausaufgabe nützlich gewesen sei, weil so zuhause noch ergänzt werden konnte. Die anderen Wahrnehmungen, ob positiv oder negativ, bezogen sich eher auf die Analysearbeit. Der Mehrheit fand die Aufgabe allerdings hilfreich, da sie der Anwendung und Übung diente. Gerne gemacht haben die Schüler sie eher oder gar nicht, was besonders dem hohen Schreibaufwand der Analyse geschuldet sein dürfte.

3.3.8 Hausaufgabe 5: Verfassen einer Rezension

Aufgabenstellung: *Verfasst bitte eine eigene Rezension (schriftlich) zum Roman „Indigosommer".*

3.3.8.1 Analyse der Aufgabe

Das Verfassen einer Rezension ist insofern eine schwierige Aufgabe, als dass hier ein Text von unbestimmter Länge verfasst werden muss, der zwar gewissen Richtlinien folgt, aufgrund der Einbeziehung der persönlichen Einschätzung des Verfassers aber eine sehr individuelle Leistung ist. Sie geht über das Verständnis in gewisser Weise hinaus, da bei einer Rezension der Text bewertet werden muss.

3.3.8.2 Überlegungen zur Auswahl

Durch das Verfassen einer Rezension sollten die Schüler als Abschluss der Unterrichtssequenz „noch mal Revue passieren lassen, was wir so gelernt haben und was sie so gelesen haben, was sie schön fanden". Auch der Wertungsteil der Rezension sei zum Abschluss wichtig gewesen. Zusätzlich wollte die Lehrerin, dass die Schüler sich für die Arbeit Zeit nehmen konnten, wozu im Unterricht nicht mehr die Gelegenheit war, da die Schüler in den folgenden zwei Wochen ein Betriebspraktikum zu absolvieren hatten. Erwartet wurde von ihr, dass die Schüler eine Rezension entsprechend der an die Textart gebunden Anforderungen verfassen, wobei ihr die Qualität des wertenden Teils besonders wichtig erschien.

3.3.8.3 Wahrnehmung der Vergabe

Die Ankündigung der Hausaufgabe ergab sich der Lehrerin zufolge direkt aus der Stunde, in der sie die Textart Rezension anhand zweier Beispiele zu „Indigosommer" mit den Schülern erarbeitet hatte. Da vorher geklärt worden war, was eine Rezension ist und was sie ausmacht, war für sie klar, dass die Schüler verstanden hatten, was von ihnen erwartet wird und warum die Aufgabe nützlich für sie sein kann.

Auf einen Großteil der Schüler trifft dies tatsächlich zu, denn 23 von ihnen gaben an, dass ihnen die Anforderungen der Aufgabe eher oder ganz deutlich geworden waren, bzgl. des Zwecks traf dies auf 22 Schüler zu (vgl. Abbildung 7 und Abbildung 8, im Anhang S. 57). Es haben aber auch vier Schüler angegeben, dass sie eher nicht oder gar nicht verstanden hatten, was von ihnen erwartet wird und für fünf war der Zweck eher nicht deutlich geworden.

3.3.8.4 Bearbeitung der Aufgabe

Die Befragung ergab, dass die Mehrzahl von 23 Schülern die Hausaufgabe erledigt hat. Drei Schüler hatten die Rezension teilweise angefertigt und ein Schüler gar nicht (vgl. Abbildung 9, im Anhang S. 58). Hilfe bei der Erarbeitung hatten vier Schüler gesucht, einmal von einem Mitschüler und in drei anderen Fällen half ein Familienmitglied.

Der Schwierigkeitsgrad der Aufgabe wurde von 19 Schülern als in Ordnung eingestuft, während drei Schüler sie zu schwer fanden. Ein Schüler gab an, die Aufgabe sei zu leicht gewesen, die fehlenden drei hatten keine Angaben dazu gemacht.

3.3.8.5 Wahrnehmung der Kontrolle und Auswertung

Die Auswertung der Ergebnisse erfolgte durch die Lehrerin in Form einer Durchsicht der Texte und ihrer anschließenden Bewertung. Dabei habe sie das übliche Leistungsverhältnis der Klasse mit Noten von 1 bis 4 bestätigt gesehen. Aus der Abbildung 10 (Anhang S. 58) wird ersichtlich, dass sechs Schüler diese Art der Rückmeldung zu ihrer Leistung als nützlich empfanden, auf einen relativ großen Anteil von Schülern traf dies so nicht zu. Die Mehrzahl der Schüler schätzte die Auswertung durch die Lehrerin als teilweise hilfreich ein.

3.3.8.6 Einschätzung der Wirkung

Die Lehrerin schätzte die Auseinandersetzung mit dem Roman in dieser Form für die Schüler als durchaus gewinnbringend ein, was von der Mehrzahl von 12 Schülern ebenfalls so gesehen wurde (vgl. Abbildung 5, 43). Sie erklärten ihre Beurteilung damit, dass sie ihre Schreibkompetenz schulen konnten (acht Angaben) oder die Merkmale einer Rezension festigen konnten. Auch die erneute Beschäftigung mit dem Buch wurde als positiv empfunden. Ein Schüler sah die Rezension als guten Abschluss an. Die neun Schüler, die damit nicht übereinstimmten, begründeten dies damit, dass ihnen der Nutzen für das „spätere Leben" unklar war (zwei Angaben), sie die Angabe für unnötig hielten oder die Aufgabe nicht verstanden hatten. Zwei Schüler gaben an, dass die Aufgabe deshalb keinen Nutzen für sie gehabt hätte, weil sie im Unterricht nicht noch einmal besprochen wurde. Auch die Unterbrechung durch das Praktikum wurde von einem Schüler als störend empfunden.

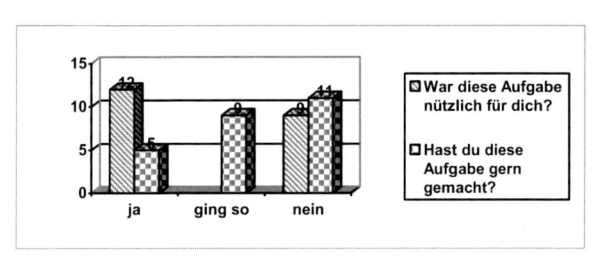

Abbildung 5: Hausaufgabe 5 - Nutzen und Gefallen

Die Mehrzahl der Schüler äußerte sich zum Gefallen der Hausaufgabe negativ. Dabei war für sie entscheidend, dass Anspruch (zwei Angaben) und Umfang (zwei Angaben) der Aufgabe zu hoch waren, die Aufgabe unnötig war (zwei Angaben) oder sie keinen Spaß gemacht hat. Neun Schüler hatten die Aufgabe mehr oder weniger gern gemacht und begründeten dies mit Zeitmangel (zwei Angaben), zu hohem Schreibaufwand (vier Angaben) oder einem Verstehensproblem bei der Aufgabe. Interessant war auch die Aussage eines Schülers, der angab, bei der Rezension Schwierigkeiten gehabt zu haben, weil seine Meinung über das Buch nicht eindeutig war. Gerne gemacht wurde die Hausaufgabe von fünf Schülern, die dies damit begründeten, dass die erneute Beschäftigung mit dem Buch gut gefiel, sie neue Inhalte festigen konnten oder dies ihrer Vorliebe für das Schreiben zugute kam (zwei Angaben).

3.3.8.7 Zusammenfassung

Beim Verfassen einer Rezension handelt es sich um eine durchaus anspruchsvolle Aufgabe, deren Schwierigkeit insbesondere in der Darstellung eines begründeten Urteils liegt. Es ist deshalb überraschend, dass der Großteil der Schüler den Schwierigkeitsgrad der Aufgabe als „gerade richtig" empfunden hat, während drei die Aufgabe zu schwer fanden und einer sie als zu leicht erachtete. Die Rezension sollte den Abschluss der Sequenz bilden und die Schüler dazu anregen, das Gelernte zu reflektieren. Die Vergabe erfolgte aus der Vorstellung der Textart Rezension heraus und machte die Anforderungen und den Nutzen der Hausaufgabe für fast alle Schüler deutlich. Erledigt wurde die Hausaufgabe von 23 Schülern, was sicherlich auch dadurch bedingt ist, dass die Rezension bewertet werden sollte. Nur ein geringer Teil der Schüler machte die Hausaufgabe gar nicht oder nur teilweise. Von allen Schülern suchten vier Unterstützung bei Mitschülern oder der Familie. Die Auswertung der Ergebnisse erfolgte durch die Bewertung des Lehrers, was aber nur von wenigen Schülern als hilfreich empfunden wurde. Elf Schüler empfanden sie als teilweise hilfreich, während neun daraus keine weiteren Schlüsse für sich ziehen konnten. Dies ist m.E. besonders deshalb interessant, weil eigentlich davon ausgegangen werden kann, dass die Korrektur eines Textes durch den Lehrer die individualisierteste Form der Auswertung ist. Die Aufgabe an sich wurde von einer knappen Mehrheit der Schüler als nützlich empfunden, auch wenn die meisten von ihnen die Aufgabe nicht gerne bewältigten.

3.4 Diskussion

Im folgenden Abschnitt werden die Untersuchungsergebnisse zu den einzelnen Hausaufgaben gegenübergestellt und mit den allgemeinen Daten zum Hausaufgabenverhalten sowie bisherigen theoretischen Erkenntnissen in Beziehung gesetzt.

Wurden die Erwartungen der Lehrerin an die Bearbeitung der einzelnen Hausaufgaben durch die Schüler in den Punkten 3.3.4 bis 3.3.8 noch im Zusammenhang mit den Überlegungen zur Auswahl dargestellt, werden sie in der Diskussion direkt mit der tatsächlichen Bearbeitung durch die Schüler verglichen.

Erkenntnisse zur Auswahl von Hausaufgaben

Für die Lehrerin stellen Hausaufgaben einen unverzichtbaren Bestandteil des schulischen Lernens dar, denn durch sie kann die Vor- und Nachbereitung des Unterrichts gewährleistet werden. Hausaufgaben dienen ihrer Ansicht nach im Literaturunterricht speziell der Übung und Festigung sowie der Lektüre und dem Verfassen von Texten.

Dieser Aspekt ihres Hausaufgabenverhaltens wird auch in den Aufgaben deutlich, die im Laufe der Sequenz gegeben und zum Großteil in der Untersuchung beachtet wurden. Es finden sich unter den fünf Hausaufgaben zwei, die auf der Lektüre des Romans basieren. Das Lesetagebuch dient dabei mehr als Unterstützung für die Arbeit während der gesamten Sequenz, wohingegen Hausaufgabe 2 auf die Gruppenarbeit beschränkt ist. Sowohl diese beiden Aufgaben, als auch Hausaufgabe 3 dienen der Vorbereitung des Unterrichts, denn durch die Wiederholung wird vorhandenes Wissen wieder abrufbar gemacht und gefestigt. Hausaufgabe 4 und 5 dienen der Nachbereitung und verdeutlichen die Einstellung der Lehrerin, dass es im Deutschunterricht nötig ist, komplexere Schreibarbeiten auch zuhause zu erledigen. Der Übungsaspekt ist bei beiden Aufgaben von Bedeutung. Die Fertigstellung der Textanalyse sollte den Schülern ermöglichen, eine komplette Analyse zu verfassen, wofür im Unterricht keine Zeit gewesen wäre. Die Rezension sollte darüber hinaus als Abschluss der Sequenz und Anregung der Reflexion des Gelernten dienen.

Dementsprechend lassen sich die Ergebnisse von Epstein/Van Voorhis (2011) bestätigen, die die Vor- und Nachbereitung des Unterrichts als wesentlichen Zweck von Hausaufgaben beschreiben. Mit Bezug auf ihre Erkenntnisse kann in der Hausaufgabe, ein Lesetagebuch zu führen, auch die persönliche Entwicklung als relevante

Funktion betrachtet werden. Da die Hausaufgabe freiwillig war, spricht sie auch das Verantwortungsgefühl und individuelle Fähigkeiten der Schüler an.

Erkenntnisse zur Wahrnehmung der Vergabe

Nach Hascher/Hofmann (2011) ist die Vergabe der Hausaufgabe ein entscheidendes Kriterium für ihre Qualität. Dabei spielen sowohl die Aufgabenstellung als auch Fähigkeit des Lehrers, sie den Schülern verständlich zu erklären, eine Rolle. Während dieser Sequenz ist die Vergabe der Hausaufgaben grundsätzlich mündlich erfolgt. Lediglich bei Hausaufgabe 3 wurde sie durch eine Notiz an der Tafel unterstützt.

Die Auswertung der Schülerdaten lässt den Rückschluss ziehen, dass die Qualität der Vergabe durch die Lehrerin, besonders was die inhaltlichen Anforderungen der einzelnen Aufgaben angeht, hoch ist (vgl. Abbildung 7, im Anhang S. 57). Die Zustimmung der Schüler diesbezüglich war für alle Hausaufgaben deutlich festzustellen, wobei es aber besonders bei der Vergabe von Hausaufgabe 1 Verständnisprobleme gab. Auch der Zweck der einzelnen Hausaufgaben wird verhältnismäßig mehr Schülern durch die Vergabe eher nicht deutlich (vgl. Abbildung 8, im Anhang S. 57). Generell fällt die allgemeine Wahrnehmung der Vergabe von Hausaufgaben im Deutschunterricht aber auch bezogen auf die Klarheit des Aufgabenzweckes positiv aus.

Erkenntnisse zu Erwartungen der Lehrerin an die Bearbeitung der Hausaufgaben und ihre Erfüllung durch die Schüler

Es konnte festgestellt werden, dass die Erwartungen, die die Lehrerin an die Bearbeitung einer Hausaufgabe stellt, sich an den inhaltlichen Anforderungen der jeweiligen Aufgabe orientieren. Ihr Anspruch an die Qualität der Bearbeitung nimmt jedoch zu, je wichtiger die Leistung jedes Einzelnen für den Unterricht ist. So wurden an die freiwillige Hausaufgabe keine konkreten Erwartungen geknüpft, weil das Lesetagebuch keine grundlegende Funktion für den Unterricht haben sollte. Ähnlich verhält es sich mit der vorbereitenden Lektüre zur Gruppenarbeit, in der sie akzeptierte, dass Schüler „den Weg des geringsten Widerstands gehen [konnten]". Bei den folgenden drei Hausaufgaben war dieser Anspruch der Bearbeitung durch alle Schüler vergleichsweise höher, da die Vorbereitung oder Leistung jedes Schülers für den Unterricht oder auch die Benotung von entsprechender Wichtigkeit war. Während des

Interviews konnten eher Einschätzungen dazu gewonnen werden, ob die inhaltliche Bearbeitung der Hausaufgaben die Erwartungen der Lehrerin traf. Dies lässt sich für alle Hausaufgaben bestätigen, sofern man berücksichtigt, dass jeder Schüler Hausaufgaben entsprechend seines Kompetenzniveaus bearbeitet. Eine Überforderung der Schüler durch die Hausaufgaben konnte nur in wenigen Fällen festgestellt werden. Die Mehrheit der Schüler schätzte den Schwierigkeitsgrad der Aufgaben als angemessen ein.

Was die Anzahl der Schüler anbelangt, die die Hausaufgaben erledigen, trifft vor allem eine der Beispielaufgaben eher nicht die Erwartungen der Lehrerin. Da die Wiederholung zur Analyse epischer Texte die Grundlage der Unterrichtsarbeit war, kommt der Vorbereitung jedes Einzelnen hier eine entsprechende Bedeutung zu. Dennoch erledigte nur ein Drittel der Schüler die Hausaufgabe vollständig. Interessant ist außerdem, dass die Anzahl der Schüler, die eine Hausaufgabe nicht oder nur teilweise gemacht hat, mit der Wahrscheinlichkeit einer Bewertung der erbrachten Leistung abnimmt (vgl. Abbildung 9, im Anhang S. 58).

Zu den häufigsten Gründen des nicht Bearbeitens von Hausaufgaben zählen eine zu hohe Belastung durch Umfang und Anforderungen der Hausaufgaben sowie die fehlende Motivation, sich mit ihnen auseinanderzusetzen. Auch Probleme beim Verständnis der Aufgabenstellung haben öfter dazu geführt, dass Schüler eine Hausaufgabe nicht erledigten. Laut Trautwein u.a. (2006) ist die Bearbeitung auch abhängig vom Hausaufgabenengagement jedes Schülers. Die Untersuchung ergab diesbezüglich, dass 57% der Schüler Hausaufgaben als notwendiges Übel betrachten. Nur 24% stehen Hausaufgaben positiv gegenüber. Es kann deshalb davon ausgegangen werden, dass die eher negative Grundeinstellung der Schüler auch ihren Umgang mit Hausaufgaben entsprechend beeinflusst. Dies würde erklären, dass jede der untersuchten Hausaufgaben von einigen Schülern gar nicht oder nur teilweise bearbeitet wurde.

In der Forschung wird auch darauf hingewiesen, dass die Betreuung der Schüler während der Bearbeitung einen wesentlichen Einfluss darauf hat, wie wirkungsvoll eine Hausaufgabe für ihren Lernzuwachs ist (vgl. Cooper u.a., 1998 und Haag/ Brosig, 2008). Auch wenn die Schule einen offenen Ganztagsbetrieb mit Hausaufgabenbetreuung bietet, wurde von keinem Schüler angegeben, dieses Angebot genutzt zu haben. Am häufigsten wurde die Unterstützung von Mitschülern oder Familienmitgliedern gesucht, wobei darauf hingewiesen werden muss, dass der Großteil der Schüler angab, Hausaufgaben eher selbständig zu bearbeiten.

Erkenntnisse zur Wahrnehmung der Hausaufgabenkontrolle und -auswertung

Das Lesetagebuch wird unter diesem Aspekt nicht beachtet, da es aufgrund seiner Bestimmung als Unterstützung für die Schülerhand im Unterricht nicht ausgewertet wurde.

Als am hilfreichsten wurde die Art der Auswertung von Hausaufgabe 4, also die Präsentation der Textanalysen im Unterricht empfunden. Mit ihr waren 13 Schüler ganz und sieben teilweise zufrieden. Auch die Auswertung der Hausaufgabe zur Wiederholung der Analyse epischer Texte in Form eines Unterrichtsgesprächs mit Anwendung am Text wurde von den Schülern als hilfreich eingeschätzt. Eher mittelmäßig fiel die Einschätzung der Auswertung der vorbereitenden Lektüre zur Figurencharakteristik aus, die zuerst von den Schülern in ihren Arbeitsgruppen vorgenommen wurde, als jeder seinen Beitrag leisten musste. Eine Auswertung durch die Lehrerin erfolgte erst mit der Beurteilung der Präsentationen. Als am wenigsten hilfreich wurde die Auswertung der Rezension bewertet, die von der Lehrerin benotet und mit entsprechenden Hinweisen versehen an die Schüler zurückgegeben wurde (vgl. Abbildung 10, im Anhang S. 58).

Von diesen Ergebnissen ausgehend scheint die Auswertung von Hausaufgaben, die für die an dieser Befragung beteiligten Schüler einen wesentlich höheren Stellenwert hat, als die bloße Korrektur, besonders dann hilfreich zu sein, wenn sie ihre Ergebnisse im Unterricht präsentieren oder das zuhause gefestigte Wissen im Unterricht besprechen und anwenden können. Die Wahrnehmung der Rezensionsauswertung könnte m.E. durch die Zensur beeinflusst worden sein, die die Schüler für ihre Leistung bekommen haben. So ließe sich erklären, dass eine sehr individuelle und somit potentiell hilfreiche Form der Auswertung durch einen Großteil der Schüler als gar nicht oder nur teilweise hilfreich wahrgenommen wurde.

Erkenntnisse zur Einschätzung der Wirkung von Hausaufgaben durch Lehrer und Schüler

Der Wahrnehmung der Lehrerin entsprechend, waren alle Hausaufgaben in ihrer Funktion der Vor- oder Nachbereitung des Unterrichts effektiv. Im Falle des Lesetagebuchs wird diese Einschätzung auch von der Schülerin, die es geführt hatte, geteilt.

Ferner stimmte die Wahrnehmung von Lehrerin und Schülern bei der Wiederholung der Analyse epischer Texte überein. Auch die Anfertigung der Rezension wurde von einer Mehrzahl der Schüler als nützlich bewertet. Knapp sprachen sie sich auch für den Nutzen der Fertigstellung der Textanalyse bzw. der Textanalyse an sich aus, während die Klasse bei dem Nutzen der vorbereitenden Lektüre geteilter Meinung war. Der Nutzen einer Hausaufgabe wurde dabei oft daran gemessen, inwieweit Wissen aus dem Unterricht angewendet oder vertieft werden konnte.

Die ursprüngliche Vermutung, dass Hausaufgaben, die einen für die Schüler erkennbaren Nutzen haben, eher gern bearbeitet werden, als jene, bei denen dies nicht der Fall ist, konnte nicht bestätigt werden. Vielfach war der Fall, dass eine Hausaufgabe von Schülern zwar als nützlich empfunden wurde, sie aber dennoch angaben, sie nicht gerne erledigt zu haben. Generell decken sich die Schülerangaben zum Gefallen der einzelnen Hausaufgaben aber mit ihrer allgemeinen Einstellung zu ihnen.

4 Schlussfolgerungen

4.1 Für die Hausaufgabenpraxis von Lehrern und Schülern

Die in diesem Buch beschriebene Untersuchung hat einen umfangreichen Einblick in den Hausaufgabenprozess im Literaturunterricht einer 8. Klasse ermöglicht, der es gestattet, die Hausaufgabenpraxis einer Lehrerin mit der ihrer Schüler zu vergleichen. Dabei ist deutlich geworden, dass Schüler Hausaufgaben zwar als notwendig erachten, sie aber in den seltensten Fällen gerne machen. Darunter leidet letztendlich auch die Motivation, sich mit Hausaufgaben auseinanderzusetzen, denn der am häufigsten angegebene Grund für nicht erledigte Hausaufgaben ist Unlust. Daraus ergibt sich die Frage, wie Schüler zu einer positiveren Grundeinstellung gegenüber Hausaufgaben gelangen können. Für den Lehrer hingegen sind Hausaufgaben unverzichtbar als Unterstützung der Vor- und Nachbereitung des Unterrichts und werden demnach auch weiterhin Teil des Unterrichts bleiben. Diese Uneinigkeit in der Wahrnehmung von Hausaufgaben im Allgemeinen führt schließlich zu Konflikten zwischen Lehrern und Schülern, besonders wenn Verantwortlichkeiten im Hausaufgabenprozess ungeklärt bleiben. Interessant ist diesbezüglich auch, dass sich nur wenige Schüler durch Hausaufgaben tatsächlich belastet fühlen, trotzdem aber eine besser abgestimmte Hausaufgabenpraxis der Lehrkräfte, insbesondere auf den Umfang der Aufgaben bezogen, als wünschenswert erachten. Wie eine solche „gemeinsame Hausaufgabenpraxis" effektiv gestaltet werden kann, bleibt offen.

Auf den Literaturunterricht bezogen konnte herausgefunden werden, dass die Lektüre von Texten und die Textproduktion wesentliche Funktionen sind, die von Hausaufgaben erfüllt werden können. Dabei muss die Vergabe nicht zwingend schriftlich unterstützt werden, denn das inhaltliche Verständnis konnte bei der Mehrzahl der Schüler durch mündliche Instruktionen gesichert werden. Problematisch scheint eher, den Schülern den Zweck einer Hausaufgabe verständlich zu machen. Dies ist allerdings besonders kritisch, da der wahrgenommene Wert einer Hausaufgabe die Bereitschaft ihrer Bearbeitung beeinflusst.

Ebenso kritisch ist der Anteil der Schüler zu sehen, die Hausaufgaben gar nicht oder nur teilweise erledigen. Zum einen werden diese Schüler der Erwartung der Lehrkraft an die Bearbeitung oft insofern nicht gerecht, als dass Hausaufgaben, die einer Klasse erteilt werden, auch an alle Schüler darin gerichtet sind. Zum anderen können

Hausaufgaben nur dann dem Lernfortschritt dienen, wenn sie auch angenommen werden. Die inhaltlichen Erwartungen an die Bearbeitung der Hausaufgaben werden hier wesentlich eher erfüllt.

Des Weiteren konnte bestätigt werden, dass eine prozessorientierte Auswertung sowohl aus Lehrer- als auch Schülersicht sehr viel effektiver ist, als die Kontrolle der Erledigung. In Bezug auf den Literaturunterricht ist sowohl die Auswertung und Anwendung zuhause erarbeiteten Wissens ebenso wie die Präsentation von Schreibprodukten von den Schülern als bedeutsam herausgestellt worden. Auch die Wahrnehmung der Wirkung einer Hausaufgabe stimmt bei der Lehrerin und ihren Schülern oftmals überein, wobei die Schüler den Nutzen einer Hausaufgabe daran messen, inwieweit die durch sie erlangten Fähigkeiten bzw. das erlangte Wissen weiter verwendbar sind. Die Wahrnehmung der Wirkung einer Hausaufgabe ist folglich auch davon abhängig, inwieweit Schülern bei der Vergabe der Zweck deutlich gemacht wurde, da dieser die Bearbeitung beeinflusst.

Abschließend bleibt offen, zu klären, warum Empfehlungen zum Umgang mit Hausaufgaben und aktuelle Forschungsergebnisse von Lehrkräften nicht wahrgenommen werden (können). Zwar zeigt die vorliegende Studie, dass Lehrer eine erfolgreiche Hausaufgabenpraxis auch ohne diese entwickeln können, die Hausaufgabenforschung selbst verliert insofern aber an Bedeutung, als dass sie durch den fehlenden Transfer ihrer Erkenntnisse in die Schulen eines ihrer Ziele, die Optimierung des Hausaufgabenprozesses auf der Basis ihrer Untersuchungsergebnisse, nicht erreichen kann.

4.2 Für weitere Untersuchungen

Dieses Buch versteht sich nicht als erschöpfende Untersuchung des Hausaufgabenprozesses im Literaturunterricht, sondern vielmehr als Grundlage, aus deren Ergebnissen sich offene Fragen für weitere Untersuchungen ableiten lassen.

So konnten durch die Befragung der Schüler nach dem Abschluss der Sequenz nicht zuverlässig Erkenntnisse darüber gewonnen werden, wie viel Zeit die Schüler für die Bearbeitung der Hausaufgaben aufgewendet haben. Auch der Zeitfaktor bei der Vergabe kann nur hinlänglich bestimmt werden, wenn eine ähnliche Untersuchung parallel mit dem Verlauf der Sequenz durchgeführt wird. Weiterer Forschungsbedarf besteht in der Untersuchung der Ursachen für die Wahrnehmung der Auswertung einer Hausaufgabe seitens der Schüler. Dieser ist in der vorliegenden Studie nicht berücksichtigt worden. Ebenfalls gewinnbringend könnte eine vergleichende Untersuchung des Hausaufgabenprozesses einer Untersuchungsgruppe in mehreren Sequenzen sein, um etwaige Auswirkungen der Unterrichtsinhalte und dem damit verbundenen Interesse auf die Hausaufgabenpraxis der Schüler zu untersuchen.

5 Literaturverzeichnis

Abraham, Ulf/Kepser, Matthis: Literaturdidaktik Deutsch/Eine Einführung, 3. neu bearb. und erw. Aufl., Berlin, 2009.

Cooper, Harris u.a.: Relationships among attitudes about homework, amount of homework assigned and completed, and student achievement, in: Journal of Educational Psychology, 90. Jahrgang, Heft 1/1998, S. 70-83.

Cooper, Harris/Valentine, Jeffrey C.: Using research to answer practical questions about homework, in: Educational Psycologist, 36. Jahrgang, Heft 3/2001, S. 143-153.

Epstein, Joyce L./Van Voorhis, Frances L.: More than minutes/Teacher's roles in Designing Homework, in: Educational Psychologist, 36. Jahrgang, Heft 3/2001, S. 181-193.

Haag, Ludwig/Brosig, Clemens M.: Hausaufgaben/Ihre Stellung in der heutigen Schule (2011). Online im WWW unter URL: http://www.schulpaedagogik.uni-bayreuth.de/Downloads/Haag/Publikationen_Haag/Hausaufgaben.pdf [02.06.2012].

Hascher, Tina/Hofmann, Franz: Hausaufgaben aus der Sicht von (angehenden) Lehrerinnen und Lehrern, in: Die Deutsche Schule (DDS), 103. Jahrgang, Heft 3/2011, S. 219-234.

Kohler, Britta: Hausaufgaben/Überblick über didaktische Überlegungen und empirische Untersuchungen, in: Die Deutsche Schule (DDS), 103. Jahrgang, Heft 3/2011, S. 203-218.

Landesinstitut für Schule und Medien Berlin-Brandenburg (LISUM): Lektürevorschläge für die Jahrgangsstufe 8 (2011). Online im WWW unter URL: http://bildungsserver.berlin-branden-burg.de/fileadmin/bbb/unterricht/faecher/sprachen/deutsch/Lesen/Lektuerevorschlaege_Jg8.PDF [23.05.2012].

Leubner, Martin u.a.: Literaturdidaktik, Berlin, 2010.

Lipowsky, F. u.a.: Dauerbrenner Hausaufgaben/Befunde der Forschung und Konsequenzen für den Unterricht, in: Pädagogik 56, 2004, Heft 12, S. 40-44.

Ministerium für Bildung, Jugend und Sport Land Brandenburg: Rahmenlehrplan für die Sekundarstufe I/Klassenstufen 7 – 10/Deutsch (2008). Online im WWW unter URL: http://bildungsserver.berlin-branden-burg.de/fileadmin/bbb/unterricht/rahmenlehrplaene_und_curriculare_materialien/sekundarstufe_I/2008/Deutsch-RLP_Sek.I_2008_Brandenburg.pdf [30.05.2012].

Ministerium für Bildung, Jugend und Sport Land Brandenburg: Verwaltungsvorschriften über die Organisation der Schulen in inneren und äußeren Schulangelegenheiten (VV-Schulbetrieb - VVSchulB) vom 29. Juni 2010. Online im WWW unter http://www.bravors.brandenburg.de/sixcms/detail.php?gsid=land_bb_bravors_01.c.49415.de [20.05.2012].

Ministerium für Bildung, Jugend und Sport Land Brandenburg: Verwaltungsvorschriften zur Leistungsbewertung in den Schulen des Landes Brandenburg (VV - Leistungsbewertung) vom 21. Juli 2011. Online im WWW unter http://www.bravors.brandenburg.de/sixcms/detail.php?gsid=land_bb_bravors_01.c.50299.de [20.05.2012].

Niggli, Alois u.a.: Hausaufgaben/Geben, Erleben, Betreuen (2009). Online im WWW unter URL: http://edudoc.ch/record/35342/files/Devoirs.pdf [23.05.2012].

Niggli, Alois u.a.: Die Rolle der Lehrperson bei Hausaufgaben, in: Empirische Pädagogik, 24. Jahrgang, Heft 1/2010, S. 42-54.

Schnyder, Inge u.a.: Hausaufgabenqualität im Französischunterricht/aus der Sicht von Schülern, Lehrkräften und Experten und die Entwicklung von Leistung, Hausaufgabensorgfalt und Bewertung der Hausaufgaben, in: Zeitschrift für Pädagogische Psychologie, 22. Jahrgang, Heft 3-4/2008, S. 233-246.

Standop, Jutta: Hausaufgabendidaktische Strukturen und Verlaufsformen im Kontext schulischer Förderung von Selbstständigkeit/Befunde einer empirischen Studie, in: Die Deutsche Schule (DDS), 103. Jahrgang, Heft 3/2011, S. 235-251.

Trautwein, Ulrich: Hausaufgaben, in: Schneider, W./Hasselhorn M. (Hrsg.): Handbuch der Pädagogischen Psychologie, 2008, 563-573.

Trautwein, Ulrich u.a.: Predicting Homework Effort: Support for a Domain-Specific, Multilevel Homework Model, in: Journal of Educational Psychology, 98. Jahrgang, Heft 2/2006, S. 438-456.

Unger, Hans Dietrich: Hausaufgaben – ein notwendiger Bestandteil des schulischen Lebens?, in: Bosse, Dorit (Hrsg.): Gymnasiale Bildung zwischen Kompetenzorientierung und Kulturarbeit, Wiesbaden, 2009, S. 161-168.

Wild, Elke/Gerber, Judith: Charakteristika und Determinanten der Hausaufgabenpraxis in Deutschland von der vierten zur siebten Klassenstufe, in: Zeitschrift für Erziehungswissenschaft, 10. Jahrgang, Heft 3/2007, S. 356-380.

6 Anhang

6.1 Prozessmodell zur Wirkungsweise von Hausaufgaben

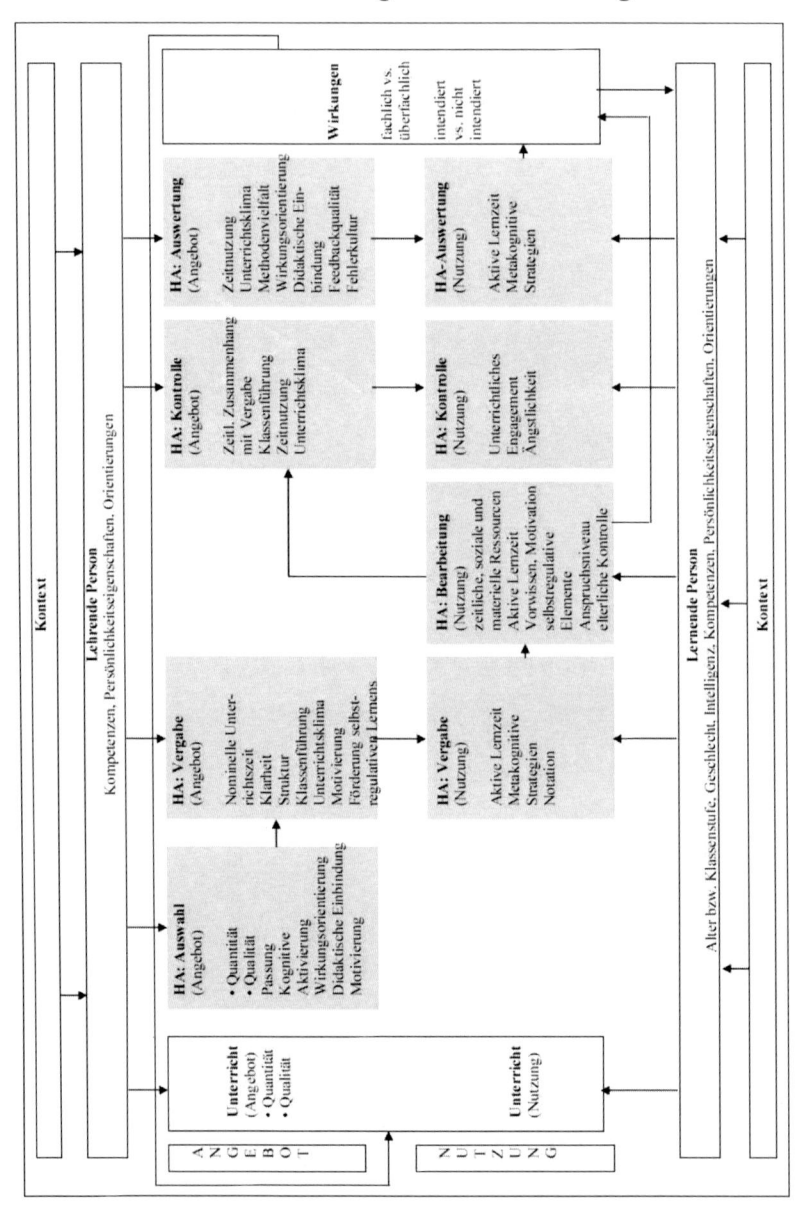

Abbildung 6: Prozessmodell zur Wirkungsweise von Hausaufgaben

6.2 Grafische Darstellungen der Untersuchungsergebnisse

6.2.1 Wahrnehmung der Vergabe

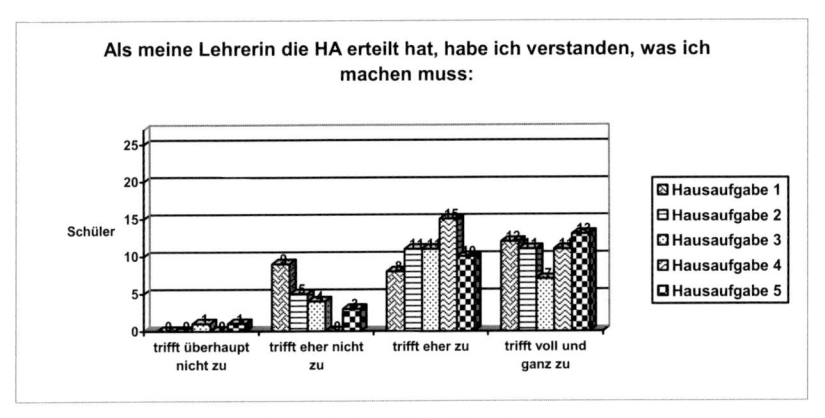

Abbildung 7: Verständnis der Hausaufgabe nach der Vergabe

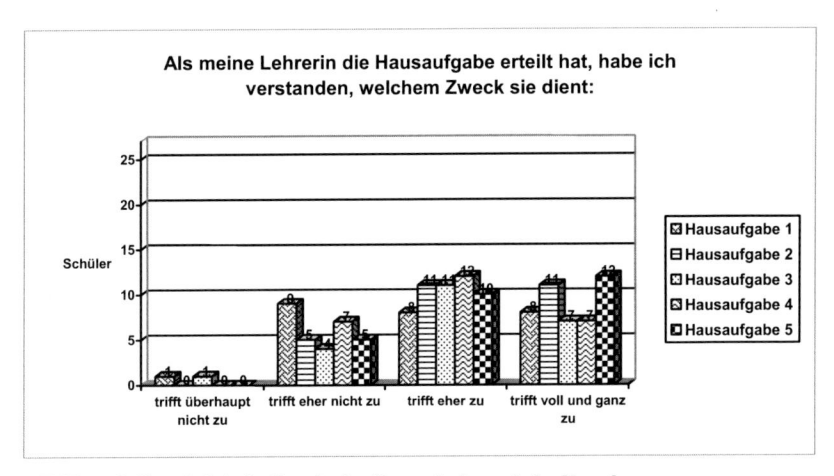

Abbildung 8: Verständnis des Zwecks der Hausaufgabe nach der Vergabe

6.2.2 Bearbeitung der Hausaufgaben

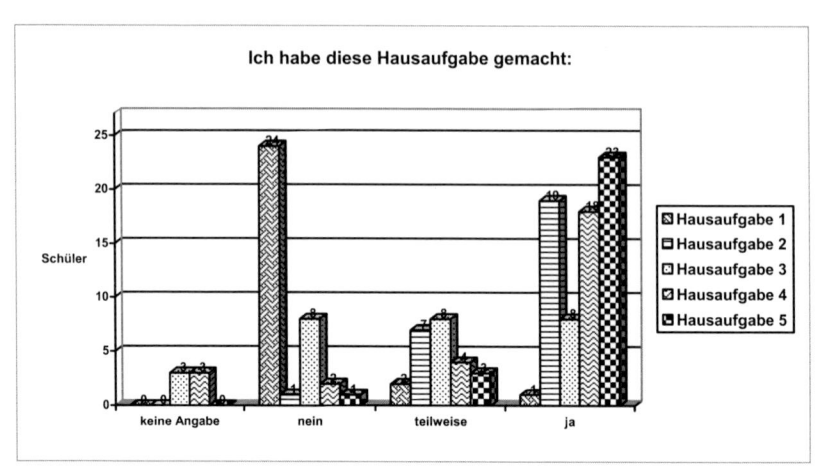

Abbildung 9: Bearbeitung der Hausaufgaben durch die Schüler

6.2.3 Wahrnehmung der Auswertung im Unterricht

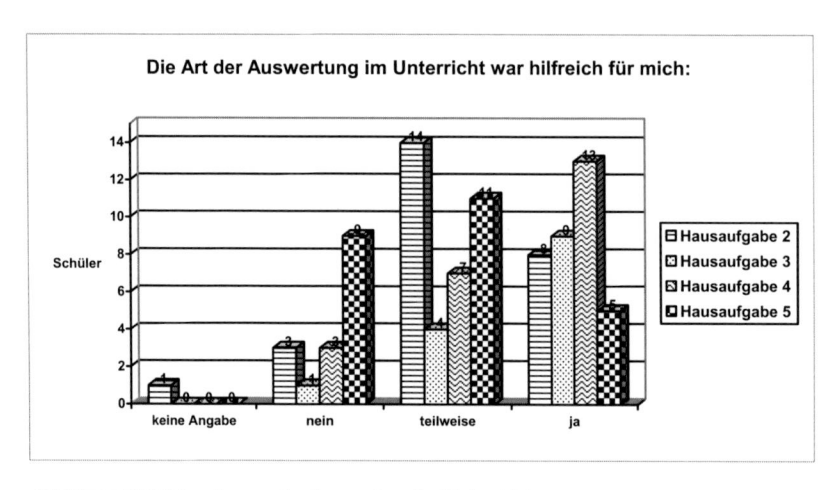

Abbildung 10: Wahrnehmung der Auswertung im Unterricht

6.3 Fragenkatalog für das Leitfadeninterview mit der Lehrerin

Masterarbeit: Leitfadeninterview mit Lehrerin zu ihrem Hausaufgabenverhalten in Klasse 8

Einstieg

- Persönliche Erfahrungen mit Hausaufgaben während des Praxissemesters (Schwierigkeit)
- Entschluss, die Thematik genauer zu untersuchen zeigte, dass es viele verschiedene Sichtweisen auf Hausaufgaben gibt und auch die Forschung unterschiedlichste Ergebnisse vorstellt
- Dabei sind Hausaufgaben nicht nur fester Bestandteil des Schülerlebens, sondern stellen auch den Lehrer vor einige Herausforderungen

Mögliche Fragen während des Interviews

Kategorien: A= allgemeine Einstellung zu HA; L = HA im Literaturunterricht allgemein;
                J = HA im Zusammenhang mit Jugendliteratur; E = Fragen zu den einzelnen Aufgaben

Kat./Nr.	Fragestellung	✓
A/1	Wie würden Sie Ihre allgemeine Einstellung zu Hausaufgaben beschreiben?	
A/2	Auf welcher Grundlage haben Sie Ihre Hausaufgabenpraxis entwickelt?	
A/3	*In der Literatur wird oft darauf hingewiesen, dass HA besonders effizient seien, wenn sie kooperativ und differenziert gestaltet werden.* Wie stehen Sie zu dieser Ansicht? Haben Sie bereits Erfahrungen mit solchen HA machen können?	
A/4	Gibt es an Ihrer Schule eine Übereinkunft darüber, wie viele HA den Schülern an einem Tag gegeben werden dürfen? Findet ein Austausch unter den Kollegen über den Umfang der erteilten HA statt, bspw. wenn besonders umfangreiche Aufgaben gegeben werden?	
L/1	Die der Befragung zugrunde liegende Sequenz hatte Jugendliteratur zum Thema. Welche Ziele verfolgen Sie im Allgemeinen mit HA, die Sie im Literaturunterricht erteilen?	
L/2	Wie wichtig ist Ihnen die Einbindung der HA im Literaturunterricht? Warum?	
L/3	Sehen Sie einen Unterschied zwischen der Kontrolle und der Auswertung von HA?	
L/4	Wie würden Sie das allgemeine Verhältnis zwischen sich und den Schülern der Klasse 8/2 beschreiben?	
L/5	Sind in dieser Klasse im Zusammenhang mit HA schon einmal Probleme entstanden? Wie haben Sie reagiert? *(Bsp.: vergessene HA, HA zu schwer/umfangreich, ...)*	
J/1	*Der Roman „Indigosommer" findet sich neben zahlreichen anderen Jugendbüchern in den Lektüreempfehlungen des LISUMs.* Wie kam es dazu, dass gerade dieses Buch für den Unterricht gewählt wurde?	
J/2	Konnten Sie bei der Planung der Sequenz auf vorhandene Materialien zurückgreifen?	
J/3	*Beim Lesen einer Ganzschrift ist es schon aus zeitlichen Gründen notwendig, dass die Schüler sich viel zuhause mit dem Buch beschäftigen.* Wie haben Sie die Erstrezeption gestaltet?	

Kat./Nr.	Fragestellung	✓
J/4	Abgesehen von der Lektüre, welche weiteren Ziele haben Sie mit den HA, die Sie in dieser Sequenz erteilt haben, verfolgt? (z.B. Unterstützung der Lernselbständigkeit)	
J/5	Gab es in dieser Sequenz HA, bei denen die SuS die Unterstützung ihrer Eltern suchen sollten? Wie stehen Sie im Allgemeinen dazu, Familie in den HA-Prozess zu involvieren?	
	Interviewer stellt kurz die gerade zu besprechende HA vor, danach werden die folgenden Fragen gestellt:	
E/1	Welche Überlegungen führten zur Vergabe dieser HA?	
E/2	Wie erfolgte die Vergabe der HA? Gab es dabei Probleme?	
E/3	Welche Erwartungen hatten Sie an die Bearbeitung der Aufgaben durch die SuS? Wurden diese erfüllt?	
E/4	Schätzen Sie bitte ein, wie viel Zeit die SuS durchschnittlich für die Bearbeitung der Aufgabe benötigt haben könnten.	
E/5	Wie haben Sie die Kontrolle bzw. Auswertung der HA gestaltet?	
E/6	Schätzen Sie bitte die Effektivität der HA für die SuS und die Arbeit im Unterricht ein.	

6.4 Fragebogen für die Schülerhand

<u>Schülerbefragung in Klasse 8 zur Hausaufgabenpraxis im Literaturunterricht</u>

Zuerst einmal interessiert mich eure Meinung zu <u>Hausaufgaben im Allgemeinen</u>, also in allen Fächern.

Beende bitte folgenden Satz, indem du eine der Auswahlmöglichkeiten ankreuzt und ggf. durch deine eigene Idee ergänzt:

Hausaufgaben sind für mich…
- ○ ein notwendiges Übel.
- ○ eine gute Möglichkeit, mich zuhause mit dem Unterrichtsstoff zu beschäftigen.
- ○ reine Zeitverschwendung.

Darüber hinaus sind sie:
- ○ _____

Kreuze nun die Aussage an, die am ehesten für dich zutrifft.

Hausaufgaben Allgemein	trifft überhaupt nicht zu	trifft eher nicht zu	trifft eher zu	trifft voll und ganz zu
Hausaufgaben belasten mich besonders, wenn…				
• sie von einem Tag auf den nächsten erledigt werden müssen.				
• ich an einem Tag Hausaufgaben für mehr als zwei Fächer erledigen muss.				
Ich fände es gut, wenn…				
• unsere Lehrer/innen sich untereinander absprechen würden, wie viele Hausaufgaben sie uns aufgeben.				
• wenn bei umfangreichen Hausaufgaben zwischen dem Tag der Vergabe und der Auswertung mindestens zwei Tage vergehen.				

Alle Fragen, die jetzt folgen, beziehen sich <u>nur auf den Deutschunterricht</u>!

Hausaufgaben im Deutschunterricht	trifft überhaupt nicht zu	trifft eher nicht zu	trifft eher zu	trifft voll und ganz zu
Wenn Frau H mir Hausaufgaben erteilt, weiß ich immer, welchem Zweck sie dienen.				
Ich finde es wichtig, dass Hausaufgaben, die ich für eine Deutschstunde gemacht habe, auch in den Unterricht einbezogen werden.				
Schreibe auf, warum das so ist/nicht so ist: _____ _____ _____				

	trifft überhaupt nicht zu	trifft eher nicht zu	trifft eher zu	trifft voll und ganz zu
Ich finde es wichtig, dass Frau H kontrolliert, ob wir unsere Hausaufgaben gemacht haben.				
Frau H bezieht Hausaufgaben, die sie uns gibt, auch in den Unterricht mit ein.				
Ich finde es wichtig, dass Frau H die Bearbeitung der Hausaufgabe im Unterricht mit der Klasse bespricht.				

Beantworte nun bitte folgende Fragen. Sie beziehen sich ebenfalls nur auf den Deutschunterricht!

Haben Hausaufgaben schon einmal für einen Konflikt zwischen Frau H   und deiner Klasse oder dir persönlich gesorgt?

○ ja   ○ nein   ○ weiß ich nicht

Wenn ja, schreibe bitte kurz ein Beispiel für einen solchen Konflikt auf:

_____
_____
_____
_____

Nehmen wir einmal an, Frau H   ist mit eurer Bearbeitung einer Hausaufgabe unzufrieden. Aus diesem Grund führt sie im Unterricht mit euch ein Gespräch über diese Hausaufgabe oder Hausaufgaben im Allgemeinen. Wie empfindest du solche Gesprächssituationen?

○ Positiv, weil...
_____
_____

○ Negativ, weil...
_____
_____

Ich möchte nun gerne mehr über die Unterrichtseinheit zu „Indigosommer" und die dazugehörigen Hausaufgaben erfahren.

Kreuze bitte das Zutreffende an.

Als es um die Entscheidung ging, welches Buch wir lesen, habe ich für „Indigosommer" gestimmt.

   ○ ja, das stimmt   ○ nein, ich wollte etwas anderes lesen   ○ weiß ich nicht mehr

Die Unterrichtseinheit zu „Indigosommer" hat mir gefallen.   ○ ja   ○ teils, teils   ○ nein

Weiter auf der nächsten Seite!

☞

Die folgenden Fragen beschäftigen sich jeweils mit den einzelnen Hausaufgaben.

Hausaufgabe 1: Ein Lesetagebuch führen

Das Lesetagebuch war eine freiwillige Hausaufgabe. Hast du sie gemacht? ○ ja ○ nein
Bitte begründe deine Entscheidung kurz:

_____
_____
_____
_____

Hausaufgabe 1: **Führen eines Lesetagebuchs während der ersten Auseinandersetzung mit dem Roman.**	trifft überhaupt nicht zu	trifft eher nicht zu	trifft eher zu	trifft voll und ganz zu
Als Frau H die Hausaufgabe erteilt hat, habe ich verstanden, was ich machen muss.				
Als Frau H die freiwillige Hausaufgabe erteilt hat, habe ich verstanden, welchem Zweck ein Lesetagebuch dient.				
Ich hatte genug Zeit, um mir die Hausaufgabe aufzuschreiben.				

Wenn du das Lesetagebuch nicht geführt hast, kannst du gleich mit Hausaufgabe 2 weiter machen! Ansonsten beantworte bitte auch die folgenden Fragen.

Schätze bitte ein, wie viel Zeit du neben dem Lesen insgesamt für das Führen des Tagebuchs benötigt hast: _____
Schätze bitte den Schwierigkeitsgrad der Aufgabe ein: ○ zu schwer ○ gerade richtig ○ zu leicht

Diese Aufgabe fand ich nützlich für mich: ○ ja ○ nein
Schreibe auf, warum das so war:

_____
_____
_____

Diese Hausaufgabe habe ich gern gemacht: ○ stimmt ○ ging so ○ stimmt nicht
Begründe bitte kurz:

_____
_____
_____

Hausaufgabe 2: Textarbeit für die Charakteristik der Lieblingsfigur im Roman

Hier noch einmal die genaue Aufgabenstellung zur Erinnerung:
Wählt euch während der Beschäftigung mit der Lektüre eine Figur aus, die euch besonders gefällt. Markiert euch entsprechende Textstellen, um eine Figurencharakteristik vorzubereiten. Diese benötigt ihr für die Arbeit in eurer Gruppe. Alle Schüler, die sich für dieselbe Figur entschieden haben, werden in einer Gruppe zusammenarbeiten.

Ich habe diese Hausaufgabe erledigt. ○ ja ○ teilweise ○ nein

Wenn nicht, warum? _____

Beantworte nun bitte folgende Fragen:

Hausaufgabe 2: *Textarbeit für die Charakteristik der Lieblingsfigur im Roman*	trifft überhaupt nicht zu	trifft eher nicht zu	trifft eher zu	trifft voll und ganz zu
Als Frau H ____ die Hausaufgabe erteilt hat, habe ich verstanden, was ich machen muss.				
Als Frau H ____ die Hausaufgabe erteilt hat, habe ich verstanden, zu welchem Zweck ich sie bekomme.				
Ich hatte genug Zeit, mir die Hausaufgabe aufzuschreiben.				

Wenn du diese Hausaufgabe nicht gemacht hast, mache bitte mit Hausaufgabe 3 weiter.

Schätze bitte ein, wie viel Zeit du für das Lesen des Buches insgesamt benötigt hast: _____

Schätze bitte ein, wie viel Zeit du darüber hinaus für die Textarbeit (Markierungen, Notizen) benötigt hast: _____

Schätze bitte den Schwierigkeitsgrad der Aufgabe ein: ○ zu schwer ○ gerade richtig ○ zu leicht

Ich habe diese Hausaufgabe alleine gemacht. ○ ja ○ nein

    Wenn nein, wer hat dir geholfen?
    ○ Ich habe mit Mitschülern zusammen gearbeitet.
    ○ Ein Familienmitglied hat mich unterstützt.
    ○ Eine Lehrkraft in der Hausaufgabenbetreuung hat mir Tipps gegeben.
    ○ Ich habe die „Lösung" von einem Mitschüler abgeschrieben.

Die Art der Auswertung im Unterricht war hilfreich für mich. ○ ja ○ teilweise ○ nein

Diese Aufgabe fand ich nützlich für mich: ○ ja ○ nein
Schreibe auf, warum das so war:
_____
_____
_____

Diese Hausaufgabe habe ich gern gemacht: ○ stimmt ○ ging so ○ stimmt nicht
Begründe bitte kurz:
_____
_____
_____

Hausaufgabe 3: Wiederholung des Wissens zur Analyse epischer Texte

Hier noch einmal die genaue Aufgabenstellung zur Erinnerung:
Seht euch eure Aufzeichnungen zur Arbeit an epischen Texten noch einmal an, so dass ihr das erlernte Wissen auch auf den Roman anwenden könnt.

Ich habe diese Hausaufgabe erledigt. ○ ja ○ teilweise ○ nein

Wenn nicht, warum? _____

Beantworte nun bitte folgende Fragen:

Hausaufgabe 3: Wiederholung des Wissens zur Analyse epischer Texte	trifft überhaupt nicht zu	trifft eher nicht zu	trifft eher zu	trifft voll und ganz zu
Als Frau H die Hausaufgabe erteilt hat, habe ich verstanden, was ich machen muss.				
Als Frau H die Hausaufgabe erteilt hat, habe ich verstanden, zu welchem Zweck ich sie bekomme.				
Ich hatte genug Zeit, mir die Hausaufgabe aufzuschreiben.				

Wenn du diese Hausaufgabe nicht gemacht hast, mache bitte mit Hausaufgabe 4 weiter.

Schätze bitte ein, wie viel Zeit du für die Bearbeitung der Aufgabe insgesamt benötigt hast: _____

Schätze bitte den Schwierigkeitsgrad der Aufgabe ein: ○ zu schwer ○ gerade richtig ○ zu leicht

Ich habe diese Hausaufgabe alleine gemacht. ○ ja ○ nein

    Wenn nein, wer hat dir geholfen?
    ○ Ich habe mit Mitschülern zusammen gearbeitet.
    ○ Ein Familienmitglied hat mich unterstützt.
    ○ Eine Lehrkraft in der Hausaufgabenbetreuung hat mir Tipps gegeben.
    ○ Ich habe die „Lösung" von einem Mitschüler abgeschrieben.

Die Art der Auswertung im Unterricht war hilfreich für mich. ○ ja ○ teilweise ○ nein

Diese Aufgabe fand ich nützlich für mich: ○ ja ○ nein
Schreibe auf, warum das so war:
_____
_____
_____

Diese Hausaufgabe habe ich gern gemacht: ○ stimmt ○ ging so ○ stimmt nicht
Begründe bitte kurz:
_____
_____
_____

Hausaufgabe 4: Fertigstellung der schriftliche Analyse eines Textauszuges

Hier noch einmal die genaue Aufgabenstellung zur Erinnerung:
Schriftliche Analyse eines von drei vorgegebenen Textauszügen: Stellt bitte die im Unterricht evtl. nicht beendeten Arbeiten fertig bzw. überarbeitet, was noch zu verbessern wäre.

Ich habe diese Hausaufgabe erledigt.   ○ ja   ○ teilweise   ○ nein

Wenn nicht, warum? _____

Beantworte nun bitte folgende Fragen:

Hausaufgabe 4: *Fertigstellung der schriftlichen Analyse eines Textauszuges*	trifft überhaupt nicht zu	trifft eher nicht zu	trifft eher zu	trifft voll und ganz zu
Als Frau H die Hausaufgabe erteilt hat, habe ich verstanden, was ich machen muss.				
Als Frau H die Hausaufgabe erteilt hat, habe ich verstanden, zu welchem Zweck ich sie bekomme.				
Ich hatte genug Zeit, mir die Hausaufgabe aufzuschreiben.				

Wenn du diese Hausaufgabe nicht gemacht hast, mache bitte mit Hausaufgabe 5 weiter.

Schätze bitte ein, wie viel Zeit du für die Bearbeitung der Aufgabe insgesamt benötigt hast: _____

Schätze bitte den Schwierigkeitsgrad der Aufgabe ein: ○ zu schwer   ○ gerade richtig   ○ zu leicht

Ich habe diese Hausaufgabe alleine gemacht.   ○ ja   ○ nein

    Wenn nein, wer hat dir geholfen?
    ○ Ich habe mit Mitschülern zusammen gearbeitet.
    ○ Ein Familienmitglied hat mich unterstützt.
    ○ Eine Lehrkraft in der Hausaufgabenbetreuung hat mir Tipps gegeben.
    ○ Ich habe die „Lösung" von einem Mitschüler abgeschrieben.

Die Art der Auswertung im Unterricht war hilfreich für mich.   ○ ja   ○ teilweise   ○ nein

Diese Aufgabe fand ich nützlich für mich: ○ ja   ○ nein
Schreibe auf, warum das so war:

_____
_____
_____

Diese Hausaufgabe habe ich gern gemacht: ○ stimmt   ○ ging so   ○ stimmt nicht
Begründe bitte kurz:

_____
_____
_____

Hausaufgabe 5: Verfassen einer Rezension

Hier noch einmal die genaue Aufgabenstellung zur Erinnerung:
Verfasst bitte eine eigene Rezension (schriftlich) zum Roman „Indigosommer".

Ich habe diese Hausaufgabe erledigt.   ○ ja   ○ teilweise   ○ nein

Wenn nicht, warum? _____

Beantworte nun bitte folgende Fragen:

Hausaufgabe 5: *Verfasst bitte eine eigene Rezension (schriftlich) zum Roman „Indigosommer".*	trifft überhaupt nicht zu	trifft eher nicht zu	trifft eher zu	trifft voll und ganz zu
Als Frau H die Hausaufgabe erteilt hat, habe ich verstanden, was ich machen muss.				
Als Frau H die Hausaufgabe erteilt hat, habe ich verstanden, zu welchem Zweck ich sie bekomme.				
Ich hatte genug Zeit, mir die Hausaufgabe aufzuschreiben.				

Wenn du diese Hausaufgabe nicht gemacht hast, mache bitte mit dem nächsten Fragenkomplex weiter.

Schätze bitte ein, wie viel Zeit du für die Bearbeitung der Aufgabe insgesamt benötigt hast: _____

Schätze bitte den Schwierigkeitsgrad der Aufgabe ein: ○ zu schwer   ○ gerade richtig   ○ zu leicht

Ich habe diese Hausaufgabe alleine gemacht.   ○ ja   ○ nein

    Wenn nein, wer hat dir geholfen?
    ○ Ich habe mit Mitschülern zusammen gearbeitet.
    ○ Ein Familienmitglied hat mich unterstützt.
    ○ Eine Lehrkraft in der Hausaufgabenbetreuung hat mir Tipps gegeben.
    ○ Ich habe die „Lösung" von einem Mitschüler abgeschrieben.

Die Art der Auswertung im Unterricht war hilfreich für mich.   ○ ja   ○ teilweise   ○ nein

Diese Aufgabe fand ich nützlich für mich: ○ ja   ○ nein
Schreibe auf, warum das so war:
_____
_____
_____

Diese Hausaufgabe habe ich gern gemacht: ○ stimmt   ○ ging so   ○ stimmt nicht
Begründe bitte kurz:
_____
_____
_____

Nun würde ich gerne noch wissen, welche der aufgeführten Hausaufgaben euch am besten gefallen hat.

Ordne den Aufgabenstellungen dafür bitte die Nummern 1 bis 4 bzw. 5 zu. Vergib den 1. Platz an die Aufgabe, die dir am besten gefallen hat.

Hausaufgabe	Platz
1. Lesetagebuch (sofern du es geführt hast)	
2. Lektüre und Herausarbeiten von Informationen zur Lieblingsfigur	
3. Wiederholung des Wissens zur Analyse epischer Texte	
4. Fertigstellung der schriftlichen Textanalyse	
5. Verfassen einer eigenen Rezension	

Abschließend würde ich gerne wissen, welche Ratschläge du mir als zukünftige Lehrerin für den Umgang mit Hausaufgaben geben würdest.

Zu guter Letzt möchte ich gerne noch etwas über dich wissen:

Ich bin...   ○ ein Junge   ○ ein Mädchen.

Auf dem Endjahreszeugnis habe ich dieses Jahr in Deutsch eine:
○ 1   ○ 2   ○ 3   ○ 4   ○ 5   ○ 6

Vielen Dank für deine Mitarbeit!!!

6.5 Planung der Unterrichtssequenz zu Indigosommer

Grobplanung zur Behandlung des Jugendromans „Indigosommer" von Antje Babendererde

Der Roman wurde nach Vorstellung der Lektüreempfehlungen des LISUMs durch den Fachlehrer von den Schülern selbst ausgewählt und gekauft.

Der Zeitraum der Behandlung erstreckte sich von Februar (Vorbereitung über Kurzreferate, häusliche Lektüre) bis Mai, da die Schüler zwischenzeitlich in den Osterferien und für zwei Wochen im Praktikum waren.

Allgemeine Lernziele:

- Informationsbeschaffung und Präsentation zu spezifischen Themen des Romans (Kurzreferate – Bewertung)
- (Freude beim)Lesen eines Jugendromans als Ganzlesestoff
- gezielte und gegenstandsgerechte Anwendung grundlegender Verfahren für das
- Verstehen von Texten auf der Grundlage von Kenntnissen spezifischer
- Gestaltungselemente (selbstständige Informationsentnahme; Verknüpfen dieser
- und Begründete Urteilsbildung(z.B. Figuren/ Figurenkonstellationen)
- gezielte Anwendung von Lesetechniken und -strategien
- Nutzung von Informationen über historische und kulturelle Kontexte an ausgewählten Beispielen (besonders anhand der Kurzreferate)
- Entwicklung von Wertungen, die sich insbesondere auf Handlungen und Verhaltensweisen richten
- Kooperatives Arbeiten zur gewählten Figur → gemeinsame Präsentation der Gruppenergebnisse (Bewertung)
- Mündliches und schriftliches Analysieren von Textauszügen (Reaktivierung von Wissen zur Analyse epischer Texte: Einordnung des Auszugs in den Roman, Inhaltsangabe, Analyse von Raum/ Zeit/Atmosphäre, Erzähltechnik: Erzählform, Erzählverhalten, Innensicht, Außensicht, Darbietungsformen, Perspektivwechsel, Figurencharakteristik (direkt/ indirekt), Sprache/ Stilmittel, Intention – Bewertung einzelner Arbeiten sowie der Mitarbeit im Unterricht)
- sprachlich und stilistisch stimmige Gestaltung eigener Texte unter zunehmend bewusster Anwendung von Schreibstrategien
- zunehmend komplexe Darstellung der Analyse- und Interpretationsergebnisse

- Verfassen einer Rezension (Bewertung)
- Austausch über unterschiedliche Wahrnehmungen (besonders Probleme Jugendlicher)

Sequenzverlauf

1. Hinführung über **Kurzreferate** (5-7 Minuten) zu Themen, die im Roman angesprochen werden (Bundesstaaten Kalifornien und Washington, Seattle, La Push, „Twilight", Indianerstämme in Nordamerika, Quileute, Surfen, Drogen allgemein und Magic mushrooms insbesondere, Autorin Antje Babendererde) – Std. (24.2-1.3.12) – 5 Std.

2. Einführung/Anlesen/Unterrichtsgespräch zur Planung und Behandlung des Romans **(langfristige Hausaufgabe: freiwilliges Führen eines Lesetagebuches, individuelle Wahl einer favorisierten Figur → Vorbereitung Figurencharakteristik mit entsprechenden Textstellen →** *Wählt euch während der Beschäftigung mit der Lektüre eine Figur aus, die euch besonders gefällt. Markiert euch entsprechende Textstellen, um eine Figurencharakteristik vorzubereiten. Diese benötigt ihr für die Arbeit in eurer Gruppe. Alle Schüler, die sich für dieselbe Figur entschieden haben, werden in einer Gruppe zusammen arbeiten.)* – 1 Std. (2.3.12)

3. Gruppenarbeit zur Figurencharakteristik (einschließlich Ausführungen zur Figurenkonstellation/ Beziehung der Figuren zueinander) mit Steckbrief und evtl. Bild oder Zeichnung oder Collage zur Figur und ihren Beziehungen → Ziel: Präsentation (alle Schüler, die sich für dieselbe Figur entschieden haben, sind in einer Gruppe) → **Nutzung der Ergebnisse der vorbereiteten Hausaufgabe** – 2 Std. (23.3.12, 28.3.12)
(Hausaufgabe: Fertigstellung der Figurencharakteristik für die Präsentation – laut Absprache in der Gruppe → *Bereitet eure Präsentation so vor, dass deutlich wird, wer was erarbeitet hat und jeder seinen entsprechenden Teil präsentiert. Stellt sicher, dass auch bei Fehlen eines Schülers alles vorgestellt werden kann.)*

4. Präsentationen – 3 Std. (30.3.+18.4.12)
(Vorstellung der Figuren anhand entsprechender Textauszüge, Erläuterung zu Beziehungen...)

(Hausaufgabe: Reaktivierung des Wissens zur Analyse von epischen Texten. → *Seht euch eure Aufzeichnungen zur Arbeit an epischen Texten noch einmal an, so dass ihr das erlernte Wissen auch auf den Roman anwenden könnt.)*

5. *Figurencharakteristik – Analysebeispiel* (gemeinsame Arbeit im Plenum)
   (**Hausaufgabe: Reaktivierung des Wissens zur Analyse der Atmosphäre, vorbereitendes Lesen eines vorgegebenen Textauszugs: Perspektivwechsel: Smilla – Conrad** →
   1. *Wiederholt, was ihr zur Bestimmung der Atmosphäre gelernt habt– s.o. – und achtet beim Lesen des Textauszugs darauf, wie/ wodurch die Atmosphäre geschaffenen wird.*
   2. *Vergleicht die Schilderung des Geschehens aus der Perspektive Smillas und Conrads. Was fällt euch auf?)* – 1 Std. (19.4.12)
6. *Atmosphäre/ Perspektivwechsel* (Smilla -Conrad) -Analysebeispiel (Auswertung der Hausaufgabe/ gemeinsame Arbeit im Plenum)
   (**Hausaufgabe: Lesen der drei vom Lehrer vorgegebenen Textauszüge als Vorbereitung der selbstständigen schriftlichen Analyse** → Entscheidung für ein Beispiel → *Lest die vorgegebenen Ausschnitte und entscheidet euch für einen der drei, den ihr dann in der nächsten Doppelstunde schriftlich im/ als geschlossenen Text analysieren werdet.*) – 1 Std. (20.4.12)
7. Selbstständige schriftliche Analyse einer von drei vorgegebenen Textauszügen – 2 Std. (25.4.12)
   (**Hausaufgabe: Beendigung der evtl. nicht fertig gestellten Texte** → *Stellt bitte die im Unterricht evtl. nicht beendeten Arbeiten fertig bzw. überarbeitet, was noch zu verbessern wäre.*)
8. Auswertung der Analyse– 2 Std. (26./ 27.4.12)
9. *Rezension* (Erarbeitung einer Definition anhand zweier vom Lehrer vorgegebener Beispiele aus dem Internet und anschließender Zusammenfassung/ Besprechung eines Arbeitsblattes/Kopie zur Definition einer Rezension)
   (**Hausaufgabe: Verfassen einer schriftlichen Rezension zum 23.5.12 – wegen Praktikum** - → *Verfasst bitte eine eigene Rezension (schriftlich) zum Roman „Indigosommer". - Bewertung*) – 1 Std. (26.4.12)
10. Abschließende Reflexion der Arbeit mit dem Roman (gemeinsame Arbeit im Plenum) – 1 Std. (2.5.12)

6.6 Kalendarische Übersicht der Sequenz

Montag	Dienstag	Mittwoch	Donnerstag	Freitag
				24.02.2012 *Hinführung über Kurzreferate*
		29.02.2012 *Hinführung über Kurzreferate*	01.03.2012 *Hinführung über Kurzreferate*	02.03.2012 *Einführung* Langfristige HA: freiwilliges Führen eines Lesetagebuchs, individuelle Wahl einer favorisierten Figur, inkl. Textarbeit
		07.03.2012	08.03.2012	09.03.2012
		14.03.2012	15.03.2012	16.03.2012
		21.03.2012	22.03.2012	23.03.2012 *Gruppenarbeit Figurencharakteristik* Verwendung HA 02.03.12 Fertigstellung Fig.char. für Präsentation
		28.03.2012 *Gruppenarbeit Figur.charakteristik* Verwendung HA 02.03.12 Fertigstellung Fig.char. für Präsentation	29.03.2012	30.03.2012 *Präsentationen zur GA*
		04.04.2012 OSTER	05.04.2012 FERIEN	06.04.2012 OSTER
		11.04.2012 FERIEN	12.04.2012 OSTER	13.04.2012 FERIEN
		18.04.2012 *Präsentationen zur GA* Reaktivierung des Wissens zur Analyse von epischen Texten	19.04.2012 *Figurencharakteristik* Reaktivierung des Wissens zur Analyse von Atmosphäre, vorbereitendes Lesen	20.04.2012 *Analyse Atmosphäre Perspektivwechsel* Vorbereitendes Lesen zur selbständigen schriftlichen Analyse
		25.04.2012 *Selbständige Analyse* Beendigung der eventuell nicht fertig gestellten Texte	26.04.2012 *Auswertung der Analyse* Verfassen einer schriftlichen Rezension zum 23.05.2012	27.04.2012 *Auswertung der Analyse*
		02.05.2012 *Abschließende Reflexion der Arbeit mit dem Roman*	03.05.2012	04.05.2012
		09.05.2012 SCHÜLER	10.05.2012 BETRIEBS	11.05.2012 PRAKTIKUM
		16.05.2012 SCHÜLER	17.05.2012 BETRIEBS	18.05.2012 PRAKTIKUM
		23.05.2012 *Auswertung der Reflexionen zum Roman*		